女僕喫茶店老闆寫的
女子使用說明書

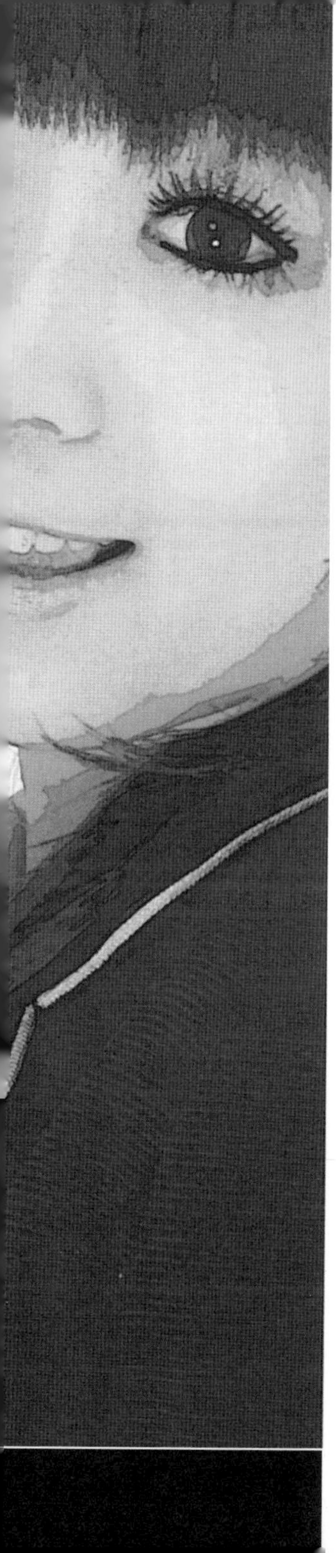

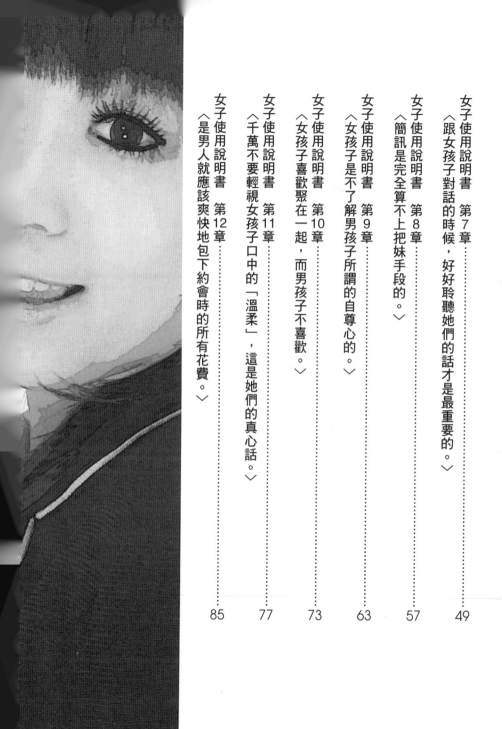

序

■序

HiroN 我呢，在2005年到2008年之間經營了三年左右的女僕咖啡廳，這段期間在店裡服務過的女僕前前後後大約有40位，最多曾有同時雇用25位女僕的記錄。至於女孩子們的年齡，平均起來大概都在20歲上下。

而說到像我這種風采沒有特別出眾的中年大叔，想必是不太容易遇到能夠同時跟這麼多年輕女孩相處的機會呢。除了女僕咖啡廳老闆之外，我看大概只有在女校教書的人才會擁有類似的經驗吧。

話又說回來，經營一間女僕咖啡廳一定會認識許多客人，其中又以年輕男性為甚。這些人大多都是個性不錯的好青年，可是他們不要說女朋友了，就連女性朋友都不認識幾個。明明條件都很不錯，怎麼可能會沒有異性緣？對我這個中年大叔來說，實在是很匪夷所思的一件事。

所以我試著觀察了一下，這才發現原來他們跟女孩子相處的方式實在糟糕透頂，簡直到了令人看不下去的地步。想必是從來沒有人教過他們這些事吧？這些男性不但認真工作、認真學習，既沒有甚麼偏激的想法，幽默感也不錯，而且興趣還很廣泛。（除了有一點點害羞之外）明明是不錯的對象，但他們就是沒有異性緣。

在跟這些人相處過之後，我慢慢發現他們只是缺少對女性的認識而已。畢竟現在人與人之間的關係越來越淡薄，因此也沒有人可以告訴他們這些知識；於是我就在想，有沒有什麼辦法幫助這些曾經光顧過小店的客人們一把呢？這也是我興起動筆念頭的主要原因。

也希望本書能夠幫助目前還沒有女朋友的人們，找到可愛的另一半。加油吧，各位！

女子使用說明書 第1章

不要把所有女孩子一概而論，那是不對的。

打著女子使用說明書的名義卻說女孩子不能一概而論，這樣不太厚道吧？我當然也知道這樣不厚道，不過我想說的是，有非常非常多的男性其實從一開始就誤會了。

事實上，男性很容易忘記一件事：女孩子除了是女孩子之外，她們也是活生生的人類。世界上有許多不同性格的男生，當然也會有許多不同性格的女生；有純情的、有縱橫情場的、有好色的、有內向的、聰明跟不聰明的、性格好跟性格不好的、有自信過剩跟自信不足的、率直的、彆扭的、輕薄的、認真的、一板一眼的、邋遢的……等等，不管你再怎麼找，世上就是不可能會有完全相同的兩個女孩子出現。

但是很多男性不知道這點，就會莫名其妙地擅自將女孩子美化，或者擅自對女孩子產生輕蔑的想法…像這樣將女孩子視為特別的存在，也因此這些男性很容易就把所有女孩子通通混為一談。

當然，這對女孩子來說絕對是失禮至極的一件事。想要了解女孩子的心理，首先第一步就是要先了解：每個女孩子都是獨一無二的個體，她們的人格絕對無可取代。所以說，要寫出一本能夠適用在任何女孩子身上的說明書基本上是不可能的任務，因為人與人之間的交流本來就不是輕易能夠用文字來敘述的。

不過呢，HiroN 畢竟也接觸過為數不少的女性，對於大部分女性的思考傾向——或者可以說是行動原理——也還算熟悉，所以在之後的章節，我將會一一把這些傾向介紹給大家。

女子使用說明書 第2章

女孩子也是外貌協會成員，就跟各位男士一樣。

對長相沒自信的人要是聽到這句話，或許會被打入絕望的深淵吧。不過我還是得說，女孩子挑選對象時的基本原理就是看外表，外表決定她們對男性的第一印象。要是外表不合她們的意，也別想再跟她們做更進一步的發展了。

不過，各位男士不妨好好想想，自己是不是也經常受到女孩子的外表所吸引？比如說容貌可人、漂亮美腿、以及姣好身材等等。既然男人可以是外貌協會，反過來說女人當然也可以。

其實只要仔細觀察一下應該就能夠發現，跟男性比起來，反倒是女性對外表會更加重視。我個人認為這是因為女性打從一出生就暴露在「可愛」與「不可愛」這兩種評論的價值觀下所至。各位大概都有過看著畢業紀念冊裡的全體合照，然後對照片裡面的女孩品頭論足的經驗吧？

就算是在以實力跟成績來論上下的體育界裡，也很常見到女性選手因為外表而受到矚目的情形。所以說女孩子一直都是活在以「可不可愛」決勝負的世界裡，想當然，她們對外表的執著也會是男性的好幾倍。對女孩子來說，她們知道男性會以外表來評論自己，而她們也會以外表去評論男性。

不管我們再怎麼忿忿不平，再怎麼怨嘆男人不能只靠外表，也沒有辦法改變這件事實：

「女孩子也是看外表來選對象的。」

各位最好趕快面對這個現實。如果你對自己的長相沒有自信，那麼立刻開始努力改善自己的外表絕對是比較聰明的選擇。身材不好可以去減肥、去練身體，總之至少讓自己的體型不要不堪入目；其它還有衣著搭配、髮型、鞋子、飾品等等，能夠為自己外表加分的要素也很多。要是覺得自己真的醜到無藥可救，那麼我也只能勸你先做好上整形醫院時的心理準備了。

事實上，女性就是因為知道男人永遠只會看外表，所以她們在改善自己外表上所付出的努力，絕對比我們男性多出很多很多倍。想要受女性歡迎的話，不妨先跟她們好好學習一下吧。相信這多少能讓各位體驗到女孩子們的辛勞。等到容貌能夠吸引到女孩子以後，再來展現自己的內涵也不遲喔。

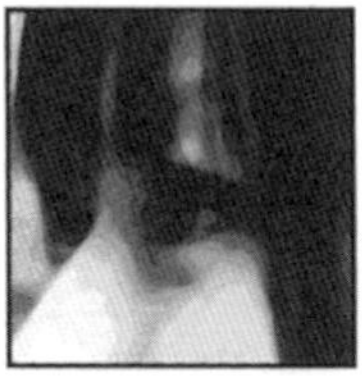

女子使用說明書　第3章

女孩子對於異性緣的渴望，是男性的好幾倍。

大部分的女孩子都會努力打扮自己。那麼，到底是什麼原因，讓她們不惜將金錢和時間投入在化妝品、美髮、美白還有衣著上？答案是因為她們想要受到男性歡迎。女孩子「想要受異性歡迎」的慾望跟男性比起來可說是大上好幾倍，而且她們對此非常執著。各位平時所看見的亮麗外表，其實有很大一部分是靠她們自己努力得來的。

來女僕店應徵的人當中，偶爾也會有一些令人感到不安的女孩子出現。不過當我試著採用她們之後，發現她們慢慢開始會努力打扮、努力改變自己外表，這時的她們跟面試當時比起來完全天差地遠；而在跟客人的應對中，她們還會再變得越來越可愛。過了一個月後，那簡直就像換了一個人似的。也就是說，客人（特別是男性）們的視線會激起女孩子的上進心，讓她們更積極展現自己的魅力，一舉一動也更討人憐愛。我曾經問過店裡的女孩們，她們的薪水都用到哪裡去？如果今天來打工的是男生，想必大概都是拿著這些錢去居酒屋喝酒或打小鋼珠吧；但是女孩子們的回答呢，幾乎都是用在打扮自己上面。女僕們努力提升自己的容貌這件事，當然對提升店裡的魅力十分有幫助。對我這個店老闆來說，真的是不得不感激她們的貢獻啊。

可是又為什麼，女孩子會那麼執著於受男人歡迎？我想，大概是出自生物的本能吧。大家都知道女性是擁有生育能力的，這代表著女孩子打從一出生就背負著孕育下一代的使命。那麼，既然要孕育下一代，當然要找一個最理想的伴侶；既然要找最理想的伴侶，候選人當然是越多越好。因此如果能夠吸引到更多的異性，對自己就更有利。而這點就算是男性也一樣，男人也會想要討個好老婆，留下自己的基因；這是不論男女，只要是生物就會有的共同本能。只不過比起只需要留種的男人，用自己的身體，甚至自己的人生來孕育後代的女性理所當然地會對異性更加執著。這樣的覺悟是男人完全比不上的。

我認為，天生沒有姣好容貌的女性，她們內心所受到的傷害是其他人所無法想像的。為什麼說我認為呢？那是因為 HiroN 身為男人，無法體會她們的痛苦之故。

也因為女孩子們對於這個願望實在太執著，簡直執著到不行，所以她們反而沒辦法率直地將自己的慾望表現出來。各位男士們，你們是否也有過雖然很喜歡很喜歡一個女生，卻因為害怕被拒絕，結果遲遲無法向她告白的經驗？這是一樣的道理。正因為女孩子比男孩子更執著，所以她們也更害怕失敗。所以她們不會去告白，而是假裝自己沒有那個意思，或者說些違心之論，總之就是想盡辦法讓對方來跟自己告白。

如果您因為這樣就覺得女孩子很麻煩、很奸詐，那就表示您的修行還不夠喔。

只要稍微注意一下她們為什麼要如此努力打扮，就能夠發現她們對異性緣——或者說對愛情——有多麼渴望了。如果能把這點當作女性的魅力來看待，恭喜你已經邁出成為魅力型男的第一步了。

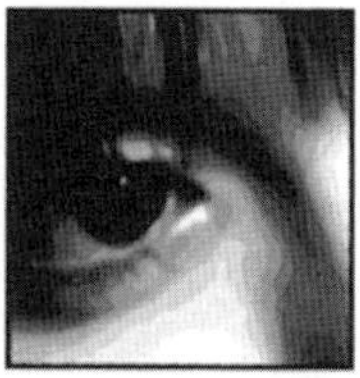

女子使用說明書　第4章

女孩子都是絕對和平主義者。

如果收到人家送的慰勞品，店裡的女孩子通常會拿去分給每個人。就算是自己買來的零食，她們也都是一群人分著吃，絕對不會藏起來獨自享用。因為在女孩子的價值觀當中，「大家一起吃」就等於「感情融洽」，這件事是絕對不變的。而且女孩子對於「感情不好」、「心結」或者「排擠」之類的事情非常敏感，她們無法長期處在這種環境下，因為這些事情會造成她們相當大的壓力。就算薪水再高、待遇再好，只要她們無法融入群體，照樣會立刻辭職。比起金錢，她們更重視人際關係，這就是她們不變的價值觀。

對男性來說，這樣的心態或許不太容易理解吧。因為男性從小就被灌輸「必須在競爭中取得勝利」的觀念，不論是打架也好，運動也好，成績也好，獲勝就是一切。有些人沒事會在家裡做做伏地挺身來鍛鍊自己，玩遊戲的時候男性會比女性更計較輸贏，這些其實也都是因為男性的基本價值觀建立在競爭原理上的緣故。比起人際關係，男性更重視如何在競爭中拔得頭籌，因此男人會為了獲勝而努力磨練自己。努力取得勝利，讓自己的貢獻得到社會認同，這就是男性的生存意義。（雖然我自己並不這麼想，不過這種觀念似乎已經深植在我們的社會裡了。）

跟男性比起來，女性最根本的存在意義在於孕育下一代（倒是從前曾經有個某國的某大臣作出「女人只是生產機器」的發言，結果當然是遭到嚴重反彈），而要孕育下一代就需要和平且安定的環境。女性不喜歡一個要時時與別人競爭的環境，因為這只會讓她們感到不快；她們需要的是身邊每個人的價值觀都相同，並且能夠和平共處的生活。

另外，女孩子也很喜歡聊天。不過她們聊的內容，大多都是些沒有結論，也沒什麼大不了的話題。而男性在聊天的時候，很容易下意識地將對話當作是互相砥礪的手段，導致他們會去衡量情報的質跟量，還會在意對方有沒有接受自己的意見。

所以男性認為無法立即導出結論的對話是毫無意義的。那麼，又為什麼女孩子們有辦法這樣漫無邊際地聊個不停呢？

那是因為藉著這樣的對談，能夠讓她們感到自己能跟對方取得共識，進而產生「相處融洽」的感覺。對女孩子來說，這是一種快感。有聽過女孩子們之間的對話就會知道，在她們的對話之中時常出現像「對對對」或者「一點也沒錯」之類的同意語氣，這是為了告訴對方「我能認同你的價值觀，我是站在你這邊的」。從男性的角度來看或許會顯得有點做作，但女孩子們即使無法跟對方產生共鳴（或者跟對方交情不深），也會拼命表現出一副深有同感的樣子；就算覺得自己一定跟對方合不來，她們還是會繼續扮演著認同者的角色。「必須與大家感情融洽」，「必須要跟任何人都處得來」，這就是女孩子們絕對不變的價值觀。

所以說，在跟女孩子聊天的時候，就算發現她們有錯，最好也別輕易說出否定的字眼。雖然這樣說很極端，但女孩子們通常不會去在意自己到底聊了些什麼、內容正不正確，因為那些對她們來說都無所謂。

這也表示，用理論來駁倒女孩子是一點用也沒有的。這樣只會讓她們對你敬而遠之，因為她們從你身上根本無法得到任何認同。

總之，在與女孩子相處時，記得對她們的「絕對和平主義」表示理解與尊重，這可是非常重要的喔。

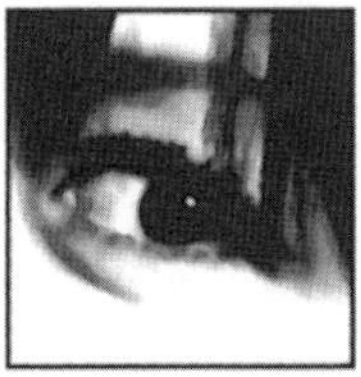

女子使用說明書 第5章

就算被發好人卡也沒關係，首先就從好人做起吧。

「我不想只當個好人！」沒有異性緣的男人經常會把這句台詞掛在嘴上。

「好人，就是隨便怎樣都好的人。」當上好人就表示，不管你跟女孩子的感情再怎麼好，還是永遠不可能成為她們的戀愛對象。對男人來說，這是相當屈辱的一件事。

試想一下，現在在你眼前有一個你很喜歡的女孩子，但是郎有情妹無意，這是何等煎熬啊。這時男人很容易就會陷入「與其保持關係還不如沒有關係」的負面思考。

不過在這邊我要告訴各位：這是不受異性歡迎的人才會有的想法。

要是有一個人平常過著跟異性毫無來往的生活，各位會相信他能一下就交到女朋友嗎？這就跟沒駕照的人不可能跑去開F1是一樣的道理。你看棒球選手哪個不是從小聯盟一步一步打上去的？

各位可以試著觀察身邊比較受歡迎的男性，會發現其實他們跟女孩子之間並不是只有戀愛關係的。他們通常會先找幾個比較要好的女性朋友，透過跟她們喝茶、吃飯、聊天，來學習女性喜歡些什麼、討厭什麼、想些什麼，並藉此來累積與異性交往的經驗。

所以說，不需要怕被女孩子發好人卡，當個好人其實也沒什麼不好。我在上一章也談過，大部分的女孩子都抱持著絕對和平主義，雖然女孩子之間的相處與女孩子跟男孩子的相處是兩回事，不過基本上她們還是很樂於跟能夠愉快相處的對象交朋友。哪怕只是陪她們吃吃零食、聊聊天，這些小事情對於獲得女孩子芳心也是很重要的。我曾經看過有客人時常送些小點心給店裡的女孩子，但人家要跟他分享的時候卻總是用「不愛吃甜食」為理由來婉拒，我坦白說一句話，這樣根本只是在浪費錢而已。因為女孩子最希望的就是有人能夠跟她們分享「零食好好吃」的心情啊。

另外，我在第2章也提到過，要吸引女孩子很重要的一點就是外表。但我們總不能要求老天讓世上所有男人生下來就有張傑尼斯臉吧。故在此奉勸各位不要好高騖遠，一下就想成為萬人迷。比起打全壘打，穩穩上壘才是最重要的。

所以呢，首先就從好人開始做起吧。等到各位能夠融入女孩子們的圈子之後，機會自然會滾滾而來。

講座

怎樣的外表才會討人喜歡？

在古埃及，男性是比女性還要「美麗」的。這是因為當時埃及人的觀念中，男性的體格強健、肌肉發達，這樣的身體對他們來說才算美。

而在現代日本就不一樣了。就拿我自己來說吧，我一直覺得似乎只有男同志才會去迷戀男性肉體美，所以在聽到古埃及人崇拜男性肉體的時候總覺得哪裡不太對勁。

密克羅尼西亞群島裡，也有幾個國家認為肥胖的女性才算美女；中國甚至有幾個少數民族的女性會從青春期開始往脖子上套環，只因為他們覺得脖子越長越好看。

也就是說美感會因為社會習俗不同而改變。就算同樣是日本人，江戶時代的人也不會去崇尚我們現代人所謂的豐滿身材。HiroN 一開始曾強調過「女性是外貌協會」，但對於外貌美醜的判斷基準，其實倒也沒有什麼大不了的。我們可以把判斷基準大略分成兩種：一種是我剛才所談到的社會流行觀，另一種則是個人的美感。

所謂的社會流行觀，其實就是在當時社會中，大多數人的意見。我們可以從受歡迎的演藝人員中看出，當時社會對於美醜的判斷傾向。例如木村拓哉、小栗旬、小池徹平、速水茂虎道等等，這些人都是近年受歡迎男星的代表。所以我們能夠輕易推測出，這些人的特長及特色是最受現代女性所喜愛的。當年貝克漢風靡全球的時候，我們會看到滿街都是貝克漢頭的情景也是因為如此。畢竟東洋男性的容貌無法跟英國人比美，所以只好藉著這點微不足道的努力來安慰自己了。

不過呢，社會流行觀是很容易改變的，所以我個人認為還是不要盲目地追求流行比較好。

接下來我們來談談個人美感。既然是個人美感，那麼判斷基準當然是隨著每個人想法不同而有千差萬別的。各位或許有在街上看過外表不相配到極點，甚至令人想大叫「怎麼回事！」的情侶吧。美女與野獸、王子配恐龍，會發生這種情況多半都是因為當事人的美感跟一般普遍於社會上的觀點產生大幅落差所至。也就是說，美女眼中的白馬王子對其他人來說很有可能只是隻青蛙王子。

改善外表這回事說起來雖然很簡單，但實際上並沒有那麼單純，也不是一味追求流行就好的。

所以了，覺得自己的外表在一般大眾的眼中絕對算不上「好看」的人，倒也不用太過於悲觀，因為這其實只是機率問題而已。

根據某項調查的結果，大約有6成的適婚年齡女性對男性體格的喜好是中等體格，而且要有一點肌肉；而其他4成左右的女性則偏好細瘦身材，會選擇肥胖體型的女性大約只有2％而已。如果你是肥胖體型的人，在擇偶上是相當不利的。因為喜歡肥胖體型的女性大約五十人中才有一個，所以你可能需要先認識五十位女性才有機會找到喜歡你的對象，而且這位對象還不一定是你的菜。相對來說，兩位女性中就有一位喜歡中等肌肉體格，所以這樣的體格在人氣上就占了很大優勢。由此看來，想要快點交到女朋友的話，減肥或許會是個不錯的選擇。

雖然每個人對於長相的喜好有百百種，不過容貌端正的人畢竟還是比較吃香。我並沒有奉勸各位去整形的意思，不過像矯正牙齒這類小事還是多少做一點比較好喔。

女子使用說明書　第6章

讓自己化身成淺顯易懂的角色吧。

我曾經問過來店裡應徵的女孩子們，為什麼會來女僕店應徵？結果大部分的女孩子都回答我：「因為想穿穿看女僕服」。她們並不在意待遇如何，純粹只是因為想穿女僕服才來應徵的。我想這是因為當時女僕咖啡廳正流行，加上受到媒體大幅報導的緣故，所以會讓人產生女僕咖啡廳＝走在流行尖端的感覺吧。女孩子對這方面的敏銳度，著實讓我感嘆了好一陣子呢。

從這個例子可以看出，女性對於時代的潮流是相當敏感的。也因此，我們時常可以從她們身上看見流行趨勢，這是很有趣的一個現象。

而且，她們還會隨著潮流（以及男性的喜好）來改變自己。像是女高中生的超迷你短裙，以及最近越來越多蛯原友里扮相的OL都是很好的例子。總之，她們能夠很準確地抓住最新潮流（以及男性的喜好），並且化身成符合這些潮流的角色。

會來女僕店打工的女孩子，不知道是不是因為其中腐女占多數的緣故，她們大多對於化身成動漫裡出現的角色這件事非常熱中。打個比方，自從涼宮春日開始流行之後，開始有很多人當起了「元氣少女」；其它還有像利娜莉、地獄少女、NANA、神薙等等，就連沒什麼在接觸這方面的HiroN，都有辦法一眼看出她們所扮演的角色。

這讓我開始覺得，女性似乎比男性更容易受到自己的外表影響。

男人在穿上西裝後，就會變得一本正經，穿上皮夾克後也會變得比較豪邁；而在女孩子身上，這種傾向是男性的好幾倍。就拿在我店裡工作過的女孩子來說好了，就算來店裡的時候是一副辣妹裝扮，只要換上女僕服，她們就能夠從外表到內在完完全全地化身為可愛女僕。對她們來說，化妝打扮除了是一種整理儀容的方式外，或許也可以說是讓自己融入角色的一種神聖儀式吧。

外表對女孩子的重要性，絕對是超乎我們男性想像的。而且她們在審視男性的時候也會用同一套標準：也就是從外表來判斷內在。

當然也不是說她們只愛型男，而是對女孩子來說，她們會比較喜歡親近表裡一致的男性。換句話說，女孩子們看男人的眼光其實是很膚淺的。

而有些人之所以會沒有女性緣，也是因為他們沒有掌握到女孩子的這些習性所致。

不論是受同性歡迎也好，性格溫柔也好，有幽默感也好，在這樣的男性之中還是會有一些人跟異性無緣，這是因為他們的性格與外表看起來不符的緣故。

女孩子一旦認定自己是「元氣少女」，她們就會開始改變外表，比如說換上迷你裙或短裙褲，把髮型改成雙馬尾等等。隨著外表的改變，她們的一舉一動、口氣以及一些小動作小習慣也會開始符合外表的形象，就這樣自然地從裡到外完完全全變身成「元氣少女」。對她們來說，這是理所當然的事情。一旦有個表裡不一致的男性出現在她們面前，她們就會開始煩惱眼前這個到底是怎麼樣的人，該怎麼跟這個人相處，煩惱到最後，她們通常會決定避免跟這種底細不明的人物來往。

也就是說如果你是個熱愛運動的肌肉男，但卻沒有表現出滿腦子肌肉的樣子，好比說穿著運動服、理個小平頭、說話時總是用「本人」自稱等等，這樣反而會讓女生對你敬而遠之；一個書呆子明明有著纖瘦的身材，卻拼命強調自己喜歡格鬥技又很有男子氣概，恐怕也只會招來女生的反感而已。書呆子就該像書呆子一樣文質彬彬，興趣最好也要是像手工藝之類的靜態活動，這樣的設定對女孩子來說才比較容易安心。各位可能會覺得這樣很蠢，但表裡一致真的就是那麼重要，這點是無庸置疑的。

再拿不良少年這個極端一點的例子來說，不良少年的打扮通常都是五顏六色的花上衣配上往後梳的髮型，腳踩涼鞋沒事還要抖個腳。然後說話口氣粗暴一點，這樣就是典型的不良少年了。只要套入這個公式，通常都能吸引住喜歡不良少年的女孩子。也不是說當上不良少年就能成為萬人迷，但只要這個形象沒有偏掉，遲早能夠遇到喜好此道的對象。畢竟總是會有不良少女願意當不良少年的女朋友嘛。

當然，不良少年只是其中一種例子而已。如果你是個御宅族，那就該像個御宅族一樣穿著運動外套，背著背包，提著紙袋，在女生面前還要記得擺出一副緊張樣。雖然在從前，御宅族幾乎等於沒人要的代名詞，但自從「電車男」風潮後，宅男受矚目的程度可說是提升了不少。當我還在經營女僕店的時候，就真的遇過幾個女孩子為了想要接觸宅男而來應徵女僕呢。我想這應該可以說是宅男的春天到來了吧。

所以我們可以看到，越是簡單好懂而且跟外型相符的形象，越容易吸引女孩子，外表跟內涵差異太大反倒是最糟糕的。雖然各位可能會覺得這聽起來很可笑，但事實就是如此。長得跟柳澤慎吾一樣卻是個認真過頭的陰沉男、既纖細又神經質的胖子、態度囂張的瘦皮猴、個子小小，看似靈活的溫吞男…等等，這些以意外性為賣點的形象，在女孩子眼中往往都只是難以理解且想要敬而遠之的對象而已。

大部分不受歡迎的男性，通常都會急著想展現「真正的自我」，而去強調自己的內涵，這樣只會產生反效果而已。剛開始跟女孩子來往時，最好能先創造一個淺顯易懂的形象出來，會比較容易維持雙方之間的關係。而像「熟悉哲學的陽光男孩」、「愛讀書的不良少年」、「擅長運動的宅男」、「過著平民生活的大少爺」這類比較具意外性的形象，等到跟對方有比較密切的來往，讓自己的形象在女孩子的心中定型後再展現出來才會更有效果。

「真正的自我」當然是要留到壓軸才能登場囉。

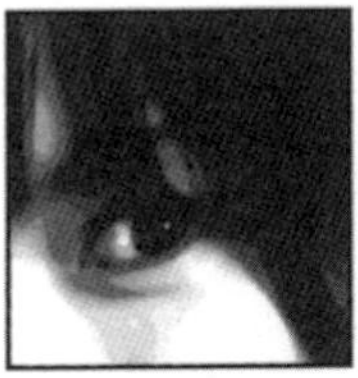

女子使用說明書　第7章

跟女孩子對話的時候，好好聆聽她們的話才是最重要的。

「要從好人開始當起，這個沒問題。」「先想辦法融入女孩子的小圈圈裡，這個也沒問題。」「可是，我以前讀的是男校，不知道該怎麼跟女生交談。」「跟初次見面的女孩子該怎麼搭訕才好？」當我還不習慣與女孩子接觸之前，這真的是一件非常令人緊張的事情，即使是已經一把年紀的 HiroN，遇到這種狀況也還是會不知所措呢。一旦開始緊張，這股氣氛就會傳染到對方身上，導致雙方之間越來越尷尬。而在這樣的場面下，就算想要說些什麼來緩和一下氣氛，也只會因為太緊張導致腦袋裡一片空白，什麼都說不出來；時間在這種時候偏偏又過得特別慢，實在是很折磨人。但就算心裡知道不可以緊張，卻總是沒辦法控制自己。

所以呢，為了這些男性，HiroN 在這裡就將對女性用的談話術傳授給大家吧。

只要記住這些，相信各位在跟女孩子面對面交談的時候多少會覺得比較輕鬆一點。

一旦跟女孩子見到面，首先先看著對方的臉，然後微笑。表情不要太僵硬，也不要笑得太誇張，只要輕輕地微笑就好了。

再來是打招呼。打招呼的時候盡量用「嗨」「你好」「早安」這類比較輕鬆簡短的語氣。

接下來可以問問對方「最近如何？」（這是在暗示女孩子「我對妳感興趣」）。

如果對方回答「很好」「不錯」的話請直接看下一段，如果回答「不太好」的話，就問她為什麼，讓女孩子開始述說原因。這樣對話就能夠很自然地銜接下去。

然後我們回到對方回答「很好」「不錯」的情形。這時候，我們可以開始將話題轉到她們身上的小飾品。其實除了飾品之外，只要是可以稱讚的地方都能拿來當話題，但在飾品上面作文章是最有效果的。這是因為如果去稱讚一個女孩子的身體特徵，比如說臉很漂亮，或者皮膚很好等等，有可能會引起對方的自卑感。就算對方在這方面很有自信好了，但臉啊、皮膚這些畢竟是生來就已經具備的條件，對女孩子來說，就算針對這部分加以稱讚，她們也不會得到太大的喜悅。

而女孩子身上的小飾品，通常都是經過精挑細選而來，所以一旦有人注意到這些飾品，她們就會感受到自己的努力有所回報，自然就會產生喜悅感。這點是很多男性所不知道的。

我們常常會聽到女孩子因為男朋友沒注意到自己的新髮型而生氣，這也是一樣的道理。對男性來說，比起髮型來他們通常會更重視女孩子本身，髮型相對來說就變得比較不重要了。不過呢，這種想法其實是錯誤的。

也因此，接下來我要告訴各位一個很重要的觀念，所以請各位容許我稍微離題一下。

如果今天我們要稱讚一個女孩子的腿很好看，不能只是單純的告訴她「妳的腿很好看」。會這樣說主要是因為，這位女孩子應該早就習慣這樣的稱讚了。加上腿漂亮是與生俱來，所以對她來說這並不是什麼大不了的事情，就算被稱讚也沒有什麼好高興的。像這種時候，我們不如轉移一下目標，告訴她「這雙襪子很適合妳」，這樣一來，她就會因為自己在展現自己美腿上所作的努力沒有白費而感到高興。只要自己的努力得到別人好評，女孩子就會認為那個人是能夠產生共鳴的對象。不知道各位是否能夠了解這樣的心情？

女孩子們在對話中所追求的就是這份「共鳴」，所以她們其實是渴望被稱讚的。也因此，我們可以時常看到她們為了一些雞毛蒜皮的小事互相稱讚的情景，就算這些行為在男人的眼中看來做作到不行。

對女孩子來說，只要雙方能夠產生共鳴，對話內容就算是毫無建設性也無妨。

而如何受歡迎的提示就藏在這裡。

「不知道該跟女孩子談論什麼話題」、「跟女孩子之間沒有共通的話題」，這是許多男性共通的煩惱。如果是經驗老到的男性那還沒什麼，但對不習慣與女性接觸的人來說，他們根本沒辦法立刻找到話題來跟女孩子聊。其實，在對話的時候，男性最好保持被動的狀態，等待女性主動提出話題來聊比較好。在她們提出話題以後，請務必仔細地、專心地聆聽她們講話。像這種時候，雙方有個共同話題的話當然是最好，但畢竟男性與女性的興趣大不同，如果硬是要擠出個共同話題來聊的話，恐怕話題還沒找到，自己就先承受不了尷尬氣氛啦。

接下來回到談話術上頭吧。

前面我們提到要針對小飾品來給予讚美，比如說「這個緞帶很適合妳」好了，先用這句話討好女孩子，然後等待她們的回答。如果沒有回答什麼，那麼我們可以繼續發問：「在哪裡買的？」只要她們被這個話題給吸引住，就會一一回答我們的問題。如果不知道她們所回答的店名的話，這也沒什麼關係，因為她們主要是希望能跟對方產生共鳴，所以根本不會在意你知不知道那家店。我們只要稍微讚嘆一下，然後可以利用該飾品店附近的地理環境，告訴對方「那家店附近有間很好吃的披薩店喔」像這樣就能夠將話題誘導到自己比較熟悉的領域去。就算找不到引導話題的題材也不需緊張，只要再度發問：「那是間怎麼樣的店？」讓女孩子繼續回答我們的問題。如此一來，只要是單純一點的女孩子，通常都會滔滔不停地繼續說下去。而我們只需要讓她們說完想說的話，並且不停地表示贊同即可，完全不需要強迫自己找話題來聊。反正一般來說，異性緣不佳的男人所能想到的話題，通常都吸引不了女孩子，就算你再怎麼喜歡鋼彈，對方也不見得會喜歡。只是一直談論自己興趣的人，是絕對沒有女孩子能夠跟他聊得來的。

就算你覺得現在正在聊的話題對男人來說很無趣，也絕對不要讓女孩子察覺你的想法。切記，「共鳴」才是最重要的。一個受歡迎的男人，在這方面通常都很有心得。他們能夠對著滔滔不絕的女性，不斷地表示贊同之意。從某方面來說，男人最需要的或許就是忍耐力吧。當然，能夠打從內心贊同她們的話，那就更好了。

如果你會事先利用女性雜誌以及流行節目做功課，並能跟女孩子討論的話，那表示你已經邁入上級者的領域了。只要像這樣不斷增加對話機會，遲早能夠自然地融入女性間的對話。而且，因為我們是男人，所以就算對女孩子們的常識不了解也是很正常的。在之後的章節我會提到，女性不像男性一般愛面子，所以就算各位不知道什麼是內搭褲，也不會受到女孩子的嘲笑。只要誠懇地詢問她們，幾乎大部分的女孩子都會很親切的將答案告訴你。因為她們最希望的就是得到對方的共鳴。

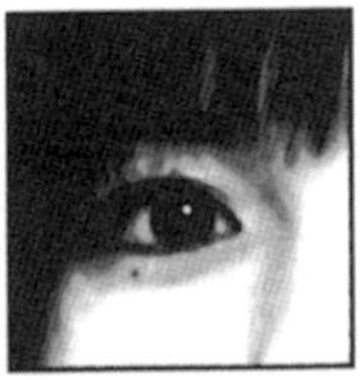

女子使用說明書　第8章

簡訊是完全算不上把妹手段的。

如果今天各位透過聯誼或朋友介紹認識了一個女孩子，而且互相給對方的印象都不錯，也很談得來，那麼接下來各位會怎麼作？我想，大多數的男性到了這個地步，通常都會開始想跟對方要電話吧。而要電話這種行為，其實就像考試一樣，成功要到電話或者 MSN 的話就等於及格，沒要到就是不及格，大概就是類似這樣的感覺。但我認為這其實並不能說是一個好的把妹方式，甚至可以說是在自掘墳墓。

要培養跟女孩子之間的感情，簡訊跟即時通或許是不錯的方式，但絕對不會是唯一的手段。在這裡我也要奉勸各位，最好不要太過依賴這些東西。有些性格內向的男人很容易犯一種錯誤，就是利用簡訊告白，或者想要利用簡訊來傳達自己的魅力，這是非常不好的行為。不用面對面是比較輕鬆沒錯，不過這樣對方根本感受不到告白者的誠意。

所以說要培養感情，最基本的方式還是直接面對面。那，簡訊又該用在什麼地方呢？答案是用來約女孩子出來見面。譬如說我們可以傳個「我現在正在某地做某事，要不要過來玩玩？」或者「我想要計畫一個某某活動，方便參加嗎？」邀女孩子出來玩；不過光是傳這種像在連絡公事一樣的簡訊不免有些無趣，所以我們可以再利用「最近如何？」或者「之前玩得很高興喔」之類的簡訊來增添一點情趣。

知道了簡訊的用法之後，接著來談談該如何拿到女孩子的電話號碼。要拿到一個女孩子的電話，成功率最高的方式就是跟對方約好下一次何時見面。這樣一來我們就可以用「等我把決定好時間地點再連絡妳，能不能告訴我電話號碼？」為理由，合理地取得對方的電話。不過這個方法對比較謹慎一點的女孩可能會起不了作用，這時最好就別再繼續糾纏了。因為機會之後還多得是，沒必要把這次的失敗看得太嚴重。

至於該用什麼樣的理由跟對方約見面？其實用什麼理由都沒問題，不過我建議各位選擇不容易讓女孩子感到拘束的活動。比如說一起去甜品店、一起去購物、一起去看熱門的電影等等。而且最好要有朋友同行，這是因為兩人單獨出遊的話，很容易被當作約會來看待，反而增加女孩子的心理負擔。最理想的情境是，事先訂立好一個行程，然後詢問她們的參加意願。這樣子對女孩子來說比較有回絕的餘地，也比較不會給她們壓力。總之，重點就是以聯絡為理由，來鬆懈女孩子的心防。

或許會有人真的不知道該約女生去哪裡玩，我講白一點好了，這種時候就算是隨口說一個地方都沒問題。如果你覺得眼前的女孩子喜歡喜劇，那麼就可以約她去看喜劇片；覺得她喜歡繪畫，就約去美術館；喜歡音樂的話就約她去聽演唱會。真的毫無頭緒的話，那就先想辦法拿到電話號碼，之後再回家慢慢上網查吧。

定好行程以後，如果還要再找幾個朋友同行，請盡量當場連絡。如果能夠找到雙方共同的朋友當然是最好，不過找不到的話也沒關係。一旦在她們的眼前敲定行程，女孩子通常就不太有辦法拒絕了。也可以讓女方帶她們自己的朋友來，這樣她們會比較放得開。

接下來我們把話題轉回簡訊上吧。前面我也提到過，最好不要用簡訊來告白或者表示心意。第一，用簡訊來交談的話對方看不到你的表情，而你也看不到對方的反應。對女孩子來說，對話的重點不在內容，而是在對話當時的情境，只是互傳簡訊的話當然是毫無情境可言的。如果各位真的要告白，最好還是將自己的心意面對面確實地傳達給對方。簡訊在這種時候頂多只能夠當做用來約對方出來的手段而已。

各位或許有聽說過利用簡訊攻勢交到女朋友的例子，但我建議各位最好把它當成個案。這是因為會被簡訊攻陷的女孩子，多半是原本就對男方有意思的緣故。要是女孩子對你沒有興趣，而你還一直傳簡訊騷擾人家，多半只會招到對方的反感而已。

像這樣跟女孩子多見幾次面，開始熟稔起來之後，她們漸漸地會開始寄一些比較親暱，並且充滿著表情符號的簡訊來。當女孩子傳來的簡訊從連絡事項慢慢開始變成閒聊簡訊的話，那就表示她們已經卸下對你的心防了。不過請注意，所謂欲速則不達，這種事情是絕對急不得的。只要掌握住簡訊來往與直接見面的差異，要拉近與女孩子之間的距離就不是難事了。

女子使用說明書 第9章

女孩子是不了解男孩子所謂的自尊心的。

經營一家店的過程中難免會遇到一些奇奇怪怪的小事件，不過在這些事件當中呢，就屬下面提到的這件事情令我印象特別深刻。

這件事呢，要從店裡某位女僕收到客人的情書開始說起。其實女僕收到情書這種事情在店裡也算不上多稀奇，不過問題就在於收到情書的那位女孩子，在通知經紀人跟 HiroN 之前就先把情書公開給店裡其他女孩子看了。我不知道到底有多少人看到那封情書，只知道這件事在一夕之間傳開，甚至還傳到了不少常客的耳中。結果，最後大家都知道這位送情書的客人受到拒絕的事情了。我想大概是因為這個事件讓他感到臉上無光吧，之後我就很少看到這位客人來店裡了。本來，我們應該是要為客人準備一個舒適的休息環境才對，而事情演變至此，也讓我感到非常的遺憾。於是我去查了這位客人的聯絡方式，並且找了個時間親自上門道歉，但即使如此，依然無法抹滅這位客人所蒙受到的恥辱。還記得他是這樣對我說的：「雖然我知道 HiroN 先生一定會第一時間知道這件事，不過沒想到竟然會傳到其他的客人跟女僕那裏去。」雖然這位客人在過了幾個月後又開始會來店裡光顧了，不過我到現在還是覺得有點對不起他。

在顧店的時候，偶爾會遭遇到一些令人感到「對男性來說，女孩子有時候真的很殘酷」的場面。各位或許有聽過女孩子在抱怨：「男人真是有夠粗線條，完全不會考慮我們女生的想法！」但是在見識過這些場面之後，我想各位男性應該會想反過來罵她們「妳們女人才老是傷我們男人的心！」吧。不過在這裡，我就要出來說句公道話了：這兩種心態其實根本就是半斤八兩。雖然我這麼說，不過其實我也無法完全了解女孩子的心理。男人無法完全理解女人的心理，女人當然也不可能完全理解男人的心理。就是因為男女雙方對於彼此都不了解，兩性之間的感情才會有趣啊。

從結論來說，女孩子對於男人的自尊心其實一點概念也沒有。大多數的女孩子之所以完全不會考慮到男人的自尊心，是因為她們根本不知道有這個東西。

所謂男性的自尊，基本上是建築在社會競爭之上的。大部分的男性在小時候就被賦予了在競爭中獲勝的義務，只要獲勝，就能夠取得更高的社會地位，只要獲勝，就能夠賺更多的錢。這就是男性最基本的存在意義。但競爭畢竟是競爭，只要有勝者出現，就代表也會有敗者產生。而男人一旦遭遇失敗，就代表他們的存在意義遭到否定，自尊心也會受挫。但是，不管再怎麼努力，也絕對不可能永遠站在獲勝的位置上，失敗的機會反而還比較大呢。只要身為男人，應該都會知道像這種時候不要再舊事重提（最好還要裝做從來沒發生過這回事）比較好吧。但女孩子們是不會了解這點的。

在戀愛這方面也一樣，對男性來說，「被女生甩掉」其實就跟在競爭中敗北差不多。雖然女性被甩的時候一樣會感到傷心，不過男性和女性在這方面的感覺其實還是有些微不同的。在男性被甩掉的場合，他們會對此感到恥辱而會試圖隱藏自己「被甩」的事實。在同樣的情況下，女性反而會比較開放。我還記得店裡曾經有個女孩子失戀，結果其他的女孩子們就一個接一個地跑到那個失戀的女孩子家裡去安慰人家，造成不小的風波呢。從這裡就可以看出被男孩子甩掉對她們來說並不是什麼羞恥的事情。

經營一間女僕店，想當然一定常常會遇上店裡的女僕接到情書或者被顧客告白之類的事情。而在大部分的情況下，通常女方都必須拒絕男方，這是因為職業上迫使她們不得不這麼做。對告白的顧客來說，他喜歡的女僕只有一個；但對被告白的女僕來說，她必須對不特定多數的對象提供服務，所以不可以跟特定的某個人走得太近。從店方的角度來說，原則上我們也不可能讓一個跟特定對象太過親密的人在店裡服務。店裡的女孩子們也知道這點，所以通常都會婉拒這些客人。但是真正麻煩的地方還不是婉拒，而是要如何婉拒。從 HiroN 這個中年大叔的眼中看來，很多女僕拒絕客人的方式實在是不夠體貼。只要有機會，我就會告誡她們「要多替對方著想」，但是她們好像是真的不懂為何要這麼作。通常，男性對於戀愛本身都會抱著一種害羞的心態，例如：①如果被甩的話會很丟臉，所以不想讓別人知道。②對女孩子付出太多心力的話，有可能會被別人認為自己為了討好女性而忽略工作及自我磨練。就是因為這樣的心理作祟，所以大多數男性不會將這方面的事情告訴別人。也因為這樣的心態，我們的社會才會為深陷愛情中的男人冠上「老是追在女人屁股後面跑」「被女人迷得神魂顛倒」之類的負面印象。而在歐美就不會有這種現象，男人也可以正大光明的談戀愛。是不是有很多歐美電影最後都用接吻鏡頭做結？因為他們的文化就是這樣。如果你在日本說出「我對跟〇〇的戀愛充滿期待」

這種話，恐怕只會得到「多用點心在讀書跟工作上！」這種回答而已。

被甩是一種恥辱，但順利交往的話也只會被人當作成天追著女人跑的小白臉，對男性來說，公開自己的戀情一點好處也沒有，導致多數男人下意識地對自己的感情生活絕口不提。就算要將戀人介紹給朋友認識，也得等到雙方的關係差不多安定下來以後才行，因為朋友也是有可能變成對手的。另外，這個時期也差不多是男人開始對戀愛感到不好意思的時期。打個比方，藝人之間的戀情在曝光以後，會公開談論兩人間的感情生活的通常都是女方，男方則大多只是在旁邊支支吾吾地，不敢多講。一定要等到訂完婚或結婚，他們才肯甘願分享自己的情事。男性對這方面的事就是這麼消極。

女孩子就不會這麼羞於公開自己的感情了。像我們家的女僕，她們就是會把收到的情書傳給大家看，雖然她們完全沒有惡意，但這種行為完全沒有考慮到寫情書的男生會對這件事感到多麼羞恥。

所以了，各位男性在跟女孩子交往前，最好先做好心理準備。只要你去跟某個女孩子告白，當天這件事馬上就會在她的好友間廣為流傳；再過三天，這件事就會傳到她所認識的所有女孩子耳中，就算你再怎麼要求她保密，也是絕對沒有用的，不論是不是戀愛話題都一樣。女孩子的性格就是如此，她們根本不知道對男性來說，面子及自尊心有多重要。

男人喜歡汲汲營營於勝負，但是女孩子無法理解這種感覺，所以她們不知道要讓男人自己靜一靜。我們可以看到有些妻子不斷質問先生為什麼一直沒辦法出人頭地，就是因為如此。對長期處在激烈競爭下的男人來說，這真的是很痛苦的一件事，但是女性卻不了解這種感覺，也不知道這是男人的地雷。

奉勸各位，最好先好好理解一下男女之間的這些差別吧。

女子使用說明書 第10章

女孩子喜歡聚在一起，而男孩子不喜歡。

在第9章中我有稍微提到過，女孩子很喜歡聚在一起談論戀愛方面的話題。而男性因為會將其他男性視為競爭對手的關係，所以不太會去找人談這些事。就算是感情很好的朋友之間在討論，他們也不會像女孩子一樣打破砂鍋問到底，讓自己隨著話題起舞。頂多就是像「那傢伙最近好像交了女朋友喔。」「是喔，難怪最近都不跟我們喝酒了」這樣，抱著隔岸觀火的心態而已。要是女孩子遇到這種情況，我想應該會興奮地立刻殺過去追問「好棒喔！新交的男朋友是怎樣的人？妳們怎麼在一起的？」了吧。這就是女孩子的習性。雖然女孩子之間也是會有忌妒心以及競爭心，不過大部分的時候，她們的凝聚力還是很強，尤其是當事人原本就喜歡男方的時候，她們會更開心，就好像自己變成話題中的主角一般。

但如果在這個時候，這位男朋友不小心辜負了女朋友的話，恐怕他在女方親友團之間的評價就會一落千丈了。而且還不止女朋友，女朋友的朋友也一樣，只要傷到這些人的心，事情馬上就會在女方的交友圈中傳開，可見女孩子的聯絡網有多緊密。只要有朋友受到人家欺負，對她們來說就跟自己被欺負沒兩樣。也因此，一旦惹她們不高興的話，你的壞名聲馬上會像滾雪球一樣越滾越大。

缺乏交往經驗的男性就很容易忽略這點。因為他們的眼中容不下情人以外的事物，很容易看不清周遭。所以各位最好不要小看女孩子們的聯絡網，否則只要一個不小心，你在女孩子間的汙名可就跳到黃河洗不清了。

不過呢，這個連絡網倒也不是真的完全對我們不利。只要好好運用的話，反而可以拉攏追求對象的朋友，尋求她們的幫助。「溫柔、有錢，天底下哪找得到像我這麼好的男人？」如果直接跟追求對象說這種話，恐怕只會被當成愛炫耀的自大狂；但是如果透過她的閨中密友來轉達的話，那就又不一樣了。當事人不方便說的事情，只要透過第三者，多半都能夠收到意想不到的效果。不過要注意這招對男性沒有用，因為男性多半不會去在意他人的感情事，也不會沒事去稱讚別人。但女孩子就不一樣了，只要她們覺得你跟你的追求對象是天生一對，就會不計一切地想要把你們湊成一對。不僅如此，還可以從她們的口中得知像是「○○對你好像也有意思」「沒辦法，她好像另外有喜歡的人」之類的有用情報。

記住，如果你想對女孩子展開追求，請務必先把她的朋友給拉攏過來。

由於男性對友情的感覺比較薄弱，所以他們很容易將女方的友人視為障礙，這是大錯特錯的。

只要能得到她們的支援，在追求女孩子上必定能夠得到事半功倍的效果。

所以千萬不要小看女方親友團的存在喔。

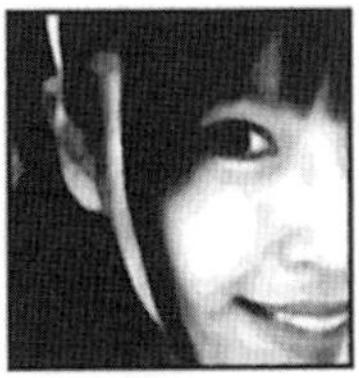

女子使用說明書　第11章

千萬不要輕視女孩子口中的「溫柔」，這是她們的真心話。

「理想中的對象是什麼人?」女孩子一旦被問到這個問題,多半會回答「溫柔的人」。不知道各位聽到這個答案以後做何感想?大多數的男性應該都會在心中吐槽她們「不要回答這種不著邊際的答案,我們想聽真心話!」或者「少來,反正一定是喜歡型男啦」,一廂情願地將女孩子的回答通通當做場面話吧。HiroN 年輕的時候也認為說什麼喜歡「溫柔的人」都是假的。但是事實上,有非常多的女孩子在被問到理想類型的時候會回答這個答案。不過或許是因為她們覺得只回答「溫柔的人」太無趣吧,最近倒是多了很多像是「溫柔又風趣的人」、「溫柔又強壯的男人」之類的變種回答,甚至還有人半開玩笑地開出「年收3千萬日幣」的條件呢。回到正題,說到理想的對象,我想沒有幾個女孩子會對於「溫柔」這個基本條件提出反駁吧。因為她們是真的希望有人對她們溫柔,而不是為了應付問題才如此回答的。講白點,這就是女孩子們的真心話。

但是男性卻完全忽視這點，還擅自認為她們說的都是違心之論，不肯接受這個事實。

而在這裡我就要提醒一下各位了。既然大半的男性都這麼想的話，如果能成為女孩子所謂「溫柔的人」，吸引到異性的機會不就反而大增了嗎？沒錯，所以絕對不要輕視她們口中的「溫柔」這兩個字。那麼問題來了，到底要怎麼做，才算得上是對女孩子「溫柔」？依我的觀察，有很多男性不知道該如何成為一個「溫柔的人」。到底什麼是「溫柔」？ HiroN 這幾年來畢竟也看了不少女孩子，就在這裡告訴大家我從這些經驗裡所歸結出來的結論吧。

所謂的「溫柔」，並不是指去討好女孩子，或者給她們富裕的生活，更不是給她們名牌包包。

女孩子們想要的「溫柔」，其實就是好好聽她們說話而已。

「搞什麼，就只是這樣？」或許有人會這樣想，但實際上大多數的男性在女孩子說話的時候，不是隨便聽聽就是完全沒在聽，真正能夠做到這點的男性可說是少之又少。（雖然說女孩子也一樣沒在聽男人說話就是了。）

現在說這個可能有些唐突，不過我希望各位先看看這個例子。這是一個妻子對丈夫提出「退休離婚」的故事。

這個案例中的丈夫60歲，他的妻子在結婚30多年以後，突然告訴他想要「離婚」。這位丈夫在跟妻子理論的時候越講越激動，最後他對著妻子大吼：「為什麼要離婚！你知不知道我這麼努力工作，就是為了讓妳跟孩子過更好的生活！現在連房子都買好了，妳還有什麼不滿！」而他的妻子卻只是冷冷回答：「你提供給我們這樣的生活，我很感謝。但是你一天到晚只會埋首於工作，完全不過問家裡的事，就連老大差點誤入歧途的時候，你也只是把責任通通都推給我，自己什麼都不管。」「妳根本就不知道男人在社會上打拼是一件多辛苦的事，所以才講得出這種話！」「就是因為你這種態度，我們才會過得這麼痛苦。忍了這麼多年，我已經受不了了。既然你已經從公司退休，那麼我也要辭退『妻子』這個職位。」

對於這個案例，我想應該會有相當兩極化的意見出現吧。接下來我再舉一個比較極端的例子好了。

這是一個黑道幹部與他的妻子的故事。

這位大哥在道上可說是個徹頭徹尾的武鬥派。30歲就結婚，但成天不是去找情婦，要不就是因為暴力事件被捕入獄；結果還沒到50歲，就因為黑道之間的恩怨而喪命了。結婚20年，實際上他跟妻子住在一起的時間，有沒有3年都不知道。

當然，跟著這樣的男人根本不可能得到安定的生活。就算偶爾有點收入，也是被大哥拿去盡道義，或者處理手下小弟鬧出的問題。家裡的經濟慘淡到必須靠妻子在酒場打工的薪水餬口，而且有時就連這點微薄的薪水也會被大哥拿去做人情。但即使如此，這位妻子仍然覺得「能夠跟他結婚很幸福」。很難以致信吧。「丈夫就算人在牢裡也總是一直關心我過得如何，雖然結婚沒多久他就入獄了，不過他為了補償我，一出獄馬上就帶我去京都旅行，而且什麼都聽我的。當時我真的覺得全世界沒人比我更幸福。那個時候我們沒有什麼錢，但他卻預約了一間相當高級的旅館，還對我說『沒有妳我活不下去』呢。」

據說這位妻子在丈夫過世之後時常對人這麼說。

我也說了這是個非常極端的例子，但是在這兩個例子當中的女方卻各自認為「被要求退休離婚的丈夫不溫柔」「流氓丈夫比較溫柔」，各位不會覺得這樣的論點太過武斷嗎？

只要冷靜地想一想應該就能發現，跟為了妻子努力工作數十年的上班族丈夫比起來，一個成天為所欲為，還搶走妻子微薄的收入，最後丟下妻子一個人自己死掉的黑道丈夫絕對是比較糟糕的。但在女性的感性當中，上班族丈夫無法帶給她們「生活在一起」的實感；而在黑道丈夫身上，她們能夠感受到對方確實是想跟自己在一起（縱使只有短短的一瞬間）同甘共苦。我想女性所冀望的，應該就是這種夫妻同心的感覺吧。

也就是說，女孩子口中的「溫柔」，其實就是指能不能讓她們感受到連帶感而已。

男性在看事情的時候，只要能知道事實跟正確內容，其它像是語氣、態度什麼的都可以放一邊；女性就不一樣了。對她們來說，最重要的反而就是這個語氣與態度，而且還必需讓她們看到你真情流露才行。如果你是個大帥哥的話或許還不用做到如此；不是的話，那就必須表現出願意與她們一同歡笑、一同悲傷的態度，讓她們覺得你是個能夠共享心情的「溫柔的人」。

所以千萬不能輕視女孩子口中的「溫柔」，因為她們的真心就藏在這兩個字裡。

女子使用說明書　第12章

是男人就應該爽快地包下約會時的所有花費。

「女人還真好命，不管吃什麼喝什麼都是男人出錢。」我們時常可以聽到有些男人這樣抱怨。甚至有些人更過分，連「她們又不一定會跟我上床，憑什麼叫男人出錢？」「反正再怎麼期待，最後她們還是只會把帳單丟給我們然後說掰掰嘛。」這種話都說出來了。雖然我也不是不懂他們的感覺啦。（笑）

不過呢，HiroN 還是要說，除非真的沒有餘力，要不然跟女孩子約會的時候基本上是應該要由男方出錢的，不管女孩子要不要跟你開房間，那都是其次。要說為什麼的話，那是因為女孩子為了約會所投入的精力與金錢，是男性的好幾倍。

各位可以想想看，當你窩在家裡一邊看電視一邊等著約定時間來臨時，女孩子都在做些什麼？

洗澡、弄頭髮、剪指甲、選衣服、選鞋子、化妝、化不好還要重化，女孩子為了這些事情犧牲她們的寶貴時間，還犧牲了寶貴金錢。美容院要花錢、衣服鞋子要花錢、化妝品要花錢、皮膚美白跟指甲彩繪就更不用說了。光是這些，絕對就已經超出約會中所有花費的總額了吧。

還有，付錢的時候不要抱著「因為男人收入比較高」、「這樣比較有心理上的優勢」或者「先讓女生產生虧欠心理，比較容易對她們提出要求」之類的想法。如果你真的有在為女孩子著想，那麼應該就會認為男人包下全額花費是很理所當然的一件事。不要看女孩子表面打扮的光鮮亮麗，她們為了展現自己的魅力，在背後所付出的努力與犧牲是男人所無法想像的。我覺得，這點才是男人最應該去了解的地方。

所以說兩個人在約會的時候，就別去在意那麼一點小小的開銷了。爽快地拿起帳單去付帳吧。

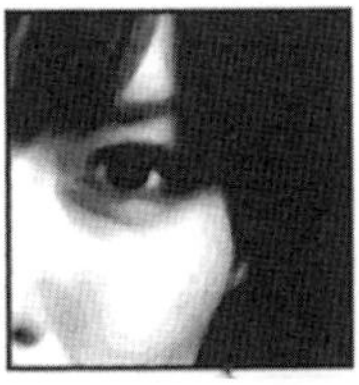

女子使用說明書　第13章

就算一昧地寵愛女孩子，她們也不會因此就覺得高興的。

「開不開心？」「合不合口味？」「會不會累？」「會不會無聊？」

時常會將這些台詞掛在嘴邊的，大概都是些不習慣跟女孩子交往的男性。「啊啊，看來他約會的經驗似乎不是很多呢。」每當看到這些人，HiroN 總是會這麼想；不過大部分的女孩子如果遇到這種情形，通常只會感到掃興而已。既然女孩子這麼不喜歡人家拼命噓寒問暖，為什麼還是有許多男性會去這麼做？這是因為，他們完全沒有查覺到女孩子真正的想法。

各位知道女孩子們對約會最期待的是什麼嗎？

她們並不期待美味的食物，也不期待美麗的風景，更不期待有趣的遊樂設施。這麼說各位可能會感到意外，但實際上這些東西根本就不需要男性特地帶她們去體驗，她們自己可以找朋友一起去享受。對女孩子來說，她們最期待的事情，其實是對方跟自己在一起的時候高興的樣子。「可以跟○○約會我好高興」「可以跟妳一起出來玩我好高興」「真的，真的很高興」女孩子看到對方這麼高興，自己也會跟著滿足。但如果男方只是一直對她們重複「好不好玩？」「會不會無聊？」的話，反倒會讓她們覺得「難道跟我出來真的那麼無趣？」，這樣女孩子當然會生氣，因為男方根本沒搞懂她們要什麼。當然，也別想要有下一次的約會了。

在我看來，似乎大多數的男人都會有「想要取悅女孩子」的願望，所以才會時常利用禮物之類的手段來討好女孩子。我想這樣子的願望，很明顯地就是建立在「先討女孩子歡心，然後發展到可以上床的關係」這種心態上吧。不過還不只有這樣而已，就算在床上，男人也一樣會在意對方到底舒不舒服。如果只是為了跟女孩子上床才去討好她們的話，那只要達到目的以後就不必再去顧慮對方感覺，所以從這裡我們就可以看出，男人一樣喜歡看到對方被自己取悅的樣子。

不過呢，男性的這個「想要取悅女孩子」的願望，其實是會引發一些問題的。

就因為男性有這個願望，所以他們會不停地去對女孩子問長問短；特別是在沒什麼約會經驗的初學者身上，這個現象更明顯。當然，這樣只會得到讓女孩子敗興而歸的結果而已。不停顧慮女孩子的感覺，卻不去理會她們真正所想要表達的東西，還一廂情願地認為帶她們去吃甜食、帶她們去看夜景，她們就會高興。

這種行為在女孩子的眼中看來，是很無知又很幼稚的一件事，女孩子會下意識地認為這是在愚弄她們。再說，會這麼作的人，通常都是沉浸在「我將女孩子服務的無微不至」的錯覺裡，殊不知這樣根本就只是在自我滿足。講白點，這樣做是沒辦法取悅女孩子的，頂多只能取悅到自己而已。當然她們也不會因此而感到高興。

偶而我們會看到一種情形：有些男人平時我行我素、行徑不良，卻還是有女孩子會被他們吸引。我想各位多多少少都看過這種人吧？愛耍流氓、口氣粗暴、老把女孩子說的話當做耳邊風，但卻偏偏有個可愛，而且不管受到怎麼樣的對待都不會移情別戀的女朋友。看到這種情侶，各位會不會覺得「這種男人有什麼好？如果她是我女朋友的話，我絕對會比那傢伙更珍惜她數十倍」呢？

不過，各位有機會的話其實可以試著觀察一下，就會知道這種男人就算不好意思明說，也一定會用某些方法來暗示女孩子，告訴她們「我不能沒有妳」「沒有妳我活不下去」。他們之所以能夠吸引到異性，靠的就是這招。而沒有異性緣的男人呢，通常都是因為沒有將這個訊息傳達到女孩子心中，才會導致沒人要的結果。

對初學者來說這點或許不太容易，畢竟這種事情需要的就是經驗嘛。

那麼我們來做個結論吧。

首先，不要一昧地顧慮女孩子的感覺。在一次的約會中頂多關心個一兩次即可，而且態度要自然。還有，不要抱著取悅女孩子的心態，要以同樂的心情去對待她們。也就是說，不要問女孩子「好不好玩？」，而是要問她們「我覺得很好玩喔，妳呢？」才是正確做法。雖然乍看之下沒有太大差別，不過這樣的心態是很重要的。

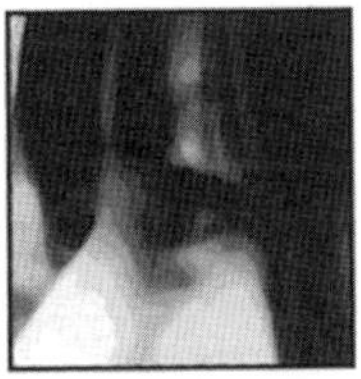

女子使用說明書　第14章

女孩子是沒辦法理解男性之間的玩笑話的。

我直接告訴各位結論好了。坦白說，女孩子是沒有幽默感的。玩笑話對她們一點都不管用，而且她們也不喜歡人家開玩笑。聽到這裡或許會有人想要提出反駁吧。「最近也有很多女孩子會去看搞笑 Live 秀啊，這點又怎麼說？」

關於這點，我的回答是：大部分的女孩子之所以會參加這些活動，不過是為了趕流行罷了。她們真正想要得到的是掌握流行的快感，並不是因為喜歡搞笑才參加這類活動的。想要接近最近當紅的搞笑藝人、想要跟大家共享快樂的時間、想要將冷門藝人拱成熱門藝人，沉浸在伯樂識千里馬的優越感裡……我想就是這樣的心態促使她們去參加活動的吧。

老實說，HiroN 還真的從來沒有見過幽默感超群，又愛搞笑的女孩子。有人會問「難道搞笑女藝人就不算有幽默感嗎？」問題是女藝人的搞笑，多半都是靠貶低自己或搭檔的容貌來博君一笑，真要說的話，她們只不過是拿所有女性都有的自卑感來做文章而已，根本算不上有幽默感。

基本上，女孩子是很不喜歡玩笑話的。特別是在人際關係上，她們絕對不會像男性一樣亂開玩笑，也無法接受男性的玩笑。各位可以想想自己小時候，哪個班上不是由男生來擔任開心果，然後由女生負責在班會上告狀「某某人很愛鬧別人」呢？

那，又為什麼女孩子這麼不喜歡玩笑話？這是因為她們在人與人之間的交往上所抱持的態度，比男性還要真誠許多的緣故。因為待人真誠，所以她們不會沒事亂開玩笑。為了跟同性共享友情，以及尋找自己的伴侶，她們自然也會擺出相應的態度。

告訴各位一個 HiroN 以前的小故事好了。當我還是大學生的時候，有幾個總是混在一起的好朋友。只要我們一聚頭，那可真的是笑話百出，不論是打保齡球的時候、開喝酒大會的時候、去旅行的時候、還是看電影的時候，只要其中有一個人開了個玩笑，另一個人馬上就會跟上；等到另外一個人說出超乎我們想像的笑話，又會有其他人說出更好笑的。就這樣玩笑來玩笑去，簡直就跟笑話擂台沒什麼兩樣。為了逗其他人發笑，每個人無不絞盡自己的腦汁，而言語的高速往來，就成了有如興奮劑一樣的東西，讓我們沉醉在大腦全速運轉的快感之下。現在回想起來，這其實是很無聊的一件事，不過當時我們就是能夠因為這點無聊事笑到喘不過氣，想必是因為當時還年輕的緣故吧。

也因為有這群好友陪伴，讓我度過了四年愉快的大學生活。在這四年之間呢，我們之中有些人偶爾會帶女伴過來，有些是同學、有些是社團學妹、也有些是高中同學…等等。但這些女孩子們呢，多半和我們不太合得來。因為我們這群朋友平時沒有聚在一起的時候都還算人模人樣。不僅如此，其中還有幾個可以說是滿受女生歡迎的。但只要五個人一聚頭，馬上就會開起「笑話擂台」，結果當然沒有幾個女孩子能夠加入我們的話題，甚至還有人當場哭出來。事後我們問那個女孩子為什麼哭，她告訴我們是因為完全搞不懂我們在說什麼，好像自己一個人被丟到遙遠的外國似的，最後忍受不了那種孤獨感就哭出來了。也就是說，我們幾個在女孩子眼中看起來，根本就是群瘋言瘋語的瘋子集團。再告訴各位一個題外話，我們幾個雖然受盡女生白眼，但實際上還是有幾位女勇者在我們的愚蠢風暴中生存了下來。這幾位女士呢，現在組成了「愛妻聯盟」，專門在我們的笑話擂台外一邊嘟嚷著「這群蠢男人又來了」，一邊用著慈愛又冷漠的眼神藐視我們。

好啦，往事就到這邊先打住。

總之，男人就是這麼的喜歡開玩笑。雖然我也說不清這到底哪裡好玩，但是一旦開始思考這些滑稽事，男人的情緒就會越來越亢奮。我就認識一個只要想到什麼冷笑話，就會立刻想找人分享的人，就算遭到女孩子的白眼也一樣。他還曾經一邊哭著告訴我說「怎麼辦啦 HiroN，我覺得我的冷笑話說都說不完啊」，一邊講了整夜的冷笑話呢。有些人在男性之間很吃得開，是因為他們有幽默感；但是女孩子對這方面就沒什麼概念了。也就是說，會讓男性感到「這傢伙真有趣」的人，不一定能得到女性的青睞；一個不愛開玩笑的無趣男人也不一定就永遠沒有女人緣。偶爾會有些女孩子會將「有趣的人」列入自己的理想對象，不過誰也不能保證她們口中的「有趣」是不是跟其他人眼中的「有趣」相同。

所以，如果你想要受女孩子歡迎，記得別在她們面前亂開玩笑。否則真的會被她們討厭喔。

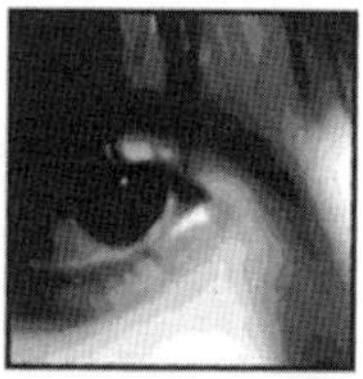

講座

有空就來女僕咖啡廳坐坐吧。

不知各位有沒有去過女僕咖啡廳呢？我知道讓一個經營過女僕店的人來說這種話很沒說服力，不過女僕咖啡廳真的是很不錯呢。而因為這種類型的店才剛開始發展沒多久，所以每個經營者的經營方針都不太一樣，也導致大家對女僕店的印象都不太一樣。以我自己來說，當我決定要開一間女僕咖啡廳以後，同行們的感想大概可以分為以下兩種：一種是「沒想到你也有經營特種行業的一天啊。」，而另一種是「跟御宅族做生意有什麼好玩的？」。我們只能說這大概就是社會大眾的觀點。畢竟這種店只能純聊天，不像酒店一樣可以對小姐毛手毛腳，對某些人來說只是能算是浪費時間跟金錢的行為，所以就有些女僕店為了滿足這些人的需求，而轉型成類似酒店的接客模式；甚至還有些提供性服務的店直接讓小姐穿上女僕服來接客呢。我想，這也是導致社會對女僕店觀感不好的原因之一吧。

不過如果從 HiroN 的觀點來看，女僕店應該是一個「就算是大人也可以跟穿著女僕服的女孩子們辦家家酒的空間」。

基本上，女僕咖啡廳就是讓女孩子們來扮家家酒的地方。這個地方讓女孩子們能夠穿上可愛的女僕服、將店裡裝飾成可愛的樣子、還能為客人送上可愛的餐點。而覺得這種事情一點也不有趣的人，通常也不會來光顧女僕咖啡廳，畢竟這是觀點不同的問題。

不過各位可以試著回想一下，小時候有沒有女生硬是要你們陪著一起辦家家酒？

40幾年前，當 HiroN 還小的時候，那時的家家酒其實就只是拿幾個泥巴球放在葉子上當做晚飯而已；而後來大家生活越來越富裕，莉卡娃娃也越作越豪華，甚至連莉卡媽媽都出現了。當然，就連家家酒的玩法也是日新月異，我想應該有不少人有過被姊妹、鄰居女生、或者女同學抓去演爸爸，還因為搞不清楚虛構的大門在哪裡而被罵的經驗吧？女僕咖啡廳就是由這種經驗所延伸出來的行業。在這裡，客人被賦予了「主人」的角色，負責和女僕們玩扮演遊戲。

雖然，這種氣氛對男性來說可能是有點無趣，不過很意外的，這樣子反倒能夠讓心情平靜下來。

總是對家家酒嗤之以鼻的人，以及從來沒有陪人家扮過家家酒的人可能不太了解，當你跟女孩子在扮家家酒的時候，會有一種置身於女性獨特價值觀當中的奇妙感覺；HiroN 不知道是不是人人都能體會這種感覺，但至少我是可以的。

這是一種女孩子特有，柔軟又輕飄飄的，很難表達出來的感受；它是一個異質的，跟男性長期所置身的競爭環境完全不同，專屬於女性的空間。能夠讓一個大男人跟這種空間共存的場所，我想也就只有女僕咖啡廳而已了吧。

對於度過了思春期，變得只會用騙不騙得上床這點來衡量女孩子的男性來說，像女僕咖啡廳這種毫無刺激的場所或許一點意義也沒有；試想一下，一個大男人被女孩子餵著POCKY的情景，那實在是可笑到了極點，簡直叫人看不下去啊。

女僕咖啡廳就是這麼一個可笑的世界。但各位不覺得這樣才棒嗎？這樣說或許有點老王賣瓜，但是一把年紀的人還可以像個小朋友一樣，跟女僕們玩著扮家家酒的遊戲，這種悠閒感不正是女僕咖啡廳最大的賣點嗎？

如果你還沒光顧過女僕咖啡廳，不妨找個空閒的下午，到女僕咖啡廳裡去坐坐吧。偶爾放下男人的成見，陪女僕們玩玩扮家家酒，也是不錯的休閒活動喔。

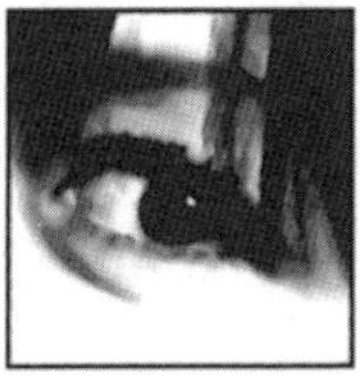

女子使用說明書　第15章

女孩子的自卑感其實是很強烈的。

前面提到男性是生存在競爭社會之中的動物，但其實不只男性，女性之間也是會互相競爭的。而且她們的競爭說不定還比男性更激烈。男性之間的競爭呢，簡單來說就是爭奪資源，也就是比誰搶到的資源多。雖然說像身體強壯，或者頭腦靈光這類天生的資質也是獲勝條件之一，但絕大部分還是能夠靠鍛鍊以及後天的努力來挽回。身體不好？去健身就好。頭腦不好？多念點書就好。家境不好？只要努力多賺點錢，或者在組織當中出人頭地就好。在大部分的情況下，成功與否都是靠本人的努力程度來決定的。（其實也不盡然如此，但大多數男性都是生存在這樣的人生觀當中。）

而從生物學上來說，女性之間的競爭就是要如何找到最優秀的男性來孕育下一代，所以對女性來說，最主要的課題就是如何吸引更多男人來追求她們。只不過，由於受不受男性歡迎的最大原因在於容貌的緣故，這表示勝負在出生時就已經大致底定了。當然，外表的美醜並不完全都是天注定，也有靠後天努力變美的。但跟男性的競爭比起來，女性之間的競爭結果是很容易受到先天因素所左右的。就拿大家耳熟能詳的童話故事來說好了，我們可以回想一下，在以男孩子為主角的童話當中，哪篇不是男孩子努力克服所有的試煉，最後終於成為偉大人物的故事？而以女孩子為主角的童話就不同了，這些故事的開頭總是寫著「從前從前，有一個美麗的女孩……」，看到這樣的設定就可以知道主角最後注定要迎接美好結局。好比說「灰姑娘」吧，灰姑娘雖然長年被後母跟姐姐們欺負，但因為王子「對她的美貌一見鍾情」的緣故，最後終於跟王子結婚，過著幸福的生活。但如果灰姑娘沒有美麗容貌的話呢？恐怕這個故事的結局就是灰姑娘一生都在後母家裡幫傭了吧。所以說灰姑娘能夠迎接美好結局的真正原因，其實跟她不斷忍耐後母跟姐姐的霸凌，或者努力完成家人派給她的所有家事都沒關係，而是因為她「天生麗質」的緣故。

說的極端一點，其實女性之間的勝負在出生時就已經決定，天生麗質的人就是能夠比天生容貌平凡的人站在更有利的位置上，跟男性之間的競爭力比起來，可說是幾乎沒有挽回的餘地。但即使如此，女孩子們還是會繼續成天保養頭髮、保養皮膚、尋找能襯托自己的衣服，將大半的精力傾注在美容上的生活，因為只要活在世上，這場戰爭就是絕對逃避不了的。

也因此，女孩子們才會對自己的外表如此重視。

不過反過來說，她們在這方面的煩惱也是無窮無盡，好比說想要讓鼻子更挺一點啦、嘴巴太大啦、胸部太小或太大等等。而就算是男人眼中的絕世美女，也一樣會煩惱個沒完。HiroN 就認識一個世界小姐級的美女，但各位想像得到嗎？她竟然會因為自己的腿太長而煩惱。女孩子就是這樣，不管在別人眼中多麼完美，她們的自卑感也不會因此而消失。

而就算是克服了外表的問題，她們也無法逃過另一個無奈的現實，那就是年齡的摧殘。女孩子都知道一旦過了某個年齡，自己的美貌就會開始慢慢衰退，所以她們對這件事非常非常的恐懼。20歲不如19歲，19歲也絕對贏不了18歲，這就是她們的觀念。

各位知道女孩子們的自卑感有多強烈了吧。

所以，在跟女孩子來往的時候，請注意絕對不要去觸到這條敏感神經。身為一個男人，最好不要去隨意評論女生的外表，那是非常不可取的。

有些人為了跟女孩子拉近距離，會故意去拿她們的容貌開玩笑，這是非常要不得的一件事。還有「我喜歡的是你的內涵而不是妳的外表」這種話也一樣，都只會惹女孩子生氣而已。另外，一味地稱讚女孩子也是有可能招致反效果的。因為她們能夠查覺來自他人的讚美是否出自內心，如果你的讚美只是為了討好她們的場面話，馬上就會被她們發現。所以絕對不要小看她們對於外表的執著，因為這份執著可是遠超乎我們男人的想像之上喔。

看過以上的說明之後，聰明的人應該就會了解為什麼不要對女孩子的外表多做文章了吧。畢竟我們男人是永遠理解不了女人的自卑感的。

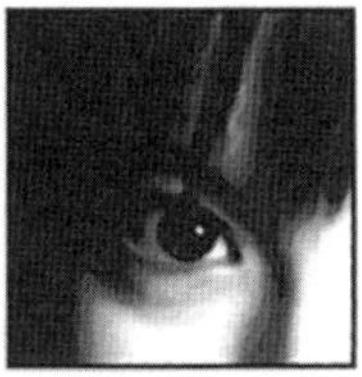

女子使用說明書 第16章

對女孩子來說，男人都是很不正經的。

從頭看到現在，我想各位應該都已經知道女孩子究竟把戀愛看得有多重了吧。跟她們比起來，男人的戀愛觀實在算不了什麼。「我也很重視兩人之間的感情啊，可是她一點也不了解我對這場戀愛有多認真！」

或許有些人會如此煩惱，但是各位要知道，男性對戀愛的執著，跟女性對戀愛的執著是完全不能比的。就算各位男士再怎麼認真看待這件事，你們能每天花上好幾個小時保養頭髮嗎？你們能將大半的零用錢花在美容跟治裝上嗎？女孩子就是甘願將大量時間跟金錢在傾注這上頭。而且，跟我們男人比起來，她們對「美麗戀情」的期盼也高上了數十倍；在她們的理想當中，自己必需成為一個人見人愛的魅力女性，才能夠從眾多追求者當中挑選出一個最優秀的對象共度人生。

其中或許也會有一些女孩不小心誤入歧途，沉溺在性愛的快感裡面。但是呢，這些女孩子通常看起來都是一臉心神不寧，完全沒有一點幸福的樣子。因為這並不是她們原本所想要的生活。

也因為女孩子對戀愛如此執著，所以在她們的眼中，男人是非常輕浮的一種生物。「如果能跟那女生約會一定很棒。」每個男人心中多少都會存有一點這種願望吧。對男人來說，這是很理所當然的一件事；但對女人來說，這是非常不像話的。想要跟她交往看看、想要跟她接觸看看，如果只是抱著這樣的心態去追求女孩子的話，通常只會落個賠了夫人又折兵的下場。就跟有些中年大叔會被女生討厭的道理一樣，明明就沒那個意思，卻還抱著好玩的心態去調戲人家，所以當然會被排斥。因為女孩子根本就沒有那個美國時間陪他們玩遊戲。

不只是中年大叔，她們就算是對年輕人也一樣。雖然警戒心的程度因人而異，不過基本上，大部分的女孩子都會先入為主地認為男性是很輕浮的。她們總是會覺得男人接近她們都是為了想把她們騙上床而已，就算各位再怎麼否認、再怎麼強調自己絕對沒有那種想法，她們也不會相信。再說，我也不認為有多少人能夠斷言自己絕對不是為了上床才跟女孩子交往，因為這就是男人的天性啊。從某種角度來看，其實女孩子們的觀念很準確地抓到了重點，而不只是單單的偏見。

跟女孩子比起來，男性就是這麼不正經。我想這也是沒有辦法的，畢竟雙方對戀愛的價值觀實在差太多了。

所以，要解開女孩子的心防比較聰明的做法，就是讓她們知道，雖然沒有哪個男人不輕浮，但是自己在當中其實是沒那麼糟糕的。

有些人會強調自己「雖然我就是這麼不正經，可是我保證可以讓妳們玩得很開心喔！」，這種人反而容易受女生歡迎。就算女孩子對戀愛再怎麼認真，總是會有想要放鬆心情的時候吧。如此一來她們就很容易受到這種「容易親近的感覺」所吸引，而產生「看起來雖然是個花花公子，可是這個人還蠻有趣的」的想法。

不過要用這個方法，外表也必須看起來像個花花公子才行，所以算是比較高難度一點的技巧。如果你看起來沒有花花公子的樣子，還是不要用這招比較好。

而像這樣的花花公子，為什麼能被女性所接受呢？這是因為他們很誠實地承認自己就是花花公子的緣故。

女孩子最討厭的事情之一就是說謊，而且她們會時時懷疑男人是不是在騙她們。尤其是像內心明明只想上床，嘴巴上說的卻是「我很專情、我很愛妳」這種表裡不一的男人，最容易受到她們警戒。或許有人會這樣抗議：「好歹我也是男人，想跟女孩子上床是無可厚非吧。難道這樣就不能去接近她們嗎？」「還是說我應該跟她們開誠佈公的講「我想跟妳上床」？誰說的出口啊。」

這的確是很難說出口的一件事，而且就算你真的說了，大概也得不到什麼效果吧。畢竟，凡事都有先後順序。那麼這時候應該怎麼做呢？我來教各位一個方法：

既然女孩子認為男人都只是想要玩玩而已，那就乾脆大方地承認吧。但是除此之外，請務必表現出「我對妳的本質也很有興趣」的態度讓對方看。具體來說，就是好好聽她們說話，讓她們知道你有心想要接受她們的價值觀。另外，自己本身也必須好好想想，自己真的喜歡這個女孩子嗎？喜歡她的哪個地方？或許，會發現其實自己並沒有那麼喜歡她也說不定。女孩子都是很敏感的，如果你只是抱著隨便的心態去接近她們，她們馬上就會知道。

要解除女孩子的心防，真的是很難的一件事。你唯一能做的就是陪她們聊天、聊天、再聊天；女孩子為了試探你的真心，甚至還會在話裡設下陷阱，這時除了順著她們的意，將自己的真心展露出來以外，我想也沒有其它的方法了。雖然有些人可以輕鬆地做到這件事，但對大部分的男性來說，要對眼前的女孩子展露內心可能還是不太容易的。即使如此，各位還是必須把自己當成牛郎，好好回應眼前女孩子的要求。而這也是和女孩子交往最困難的地方。

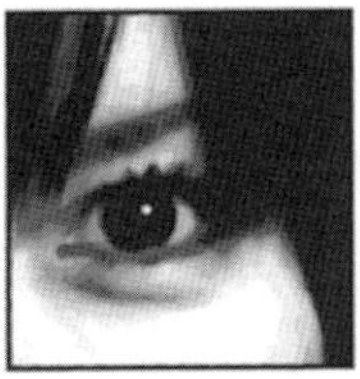

女子使用說明書　第17章

不要當駝獸，也不要當專職飯票，更不要當凱子。

「我從不奢求○○當我的女友，我只要能待在她身邊就夠了。」「我不需要回報，只要她高興就好。」「因為她想要所以我就買給她，這不是男人該做的嗎？」

這世上有很多男人一廂情願地為女孩子奉獻，好比說只要一通電話，就算大半夜也願意開車接送的「駝獸」、以及專門請女孩子上高級餐館的「專職飯票」、還有總是花大錢買名牌送女孩子的「凱子」等等。這些人都有一個共通的特點，那就是他們完全不求回報，只希望看到女孩子高興的樣子。

其實我還真搞不懂這些人在想什麼。這種事情完全不值得別人稱讚，而且會因為這樣就高興的女人，大概都不是什麼好女孩。

這些男人之所以能夠花費那麼多金錢在女孩子身上，我想多半不是因為在薪水不錯的公司上班，就是家裡很有錢吧。但我還是完全不了解他們的想法，是想要強調「我有足夠的本錢可以負擔女孩子所有開銷」嗎？老實說這麼做是一點意義也沒有的。另外還有一些人，他們雖然不像前面提到的那些人那麼富有，但不知為何，他們會對女孩子採取非常卑微的態度，比如說「我只要能待在○○身邊就好」「雖然像我這種人絕對沒辦法當上○○的男朋友，不過我還是會為她加油」等等。我是不太想對別人的人生說三道四啦，不過呢，如果是人家的粉絲也就算了，可是一個交不到女朋友的人還對女生擺出這種態度，坦白說只會讓人覺得噁心而已。這可不是 HiroN 隨便說說，我敢保證如果有女孩子受到別人這樣對待，她一定也會感到不舒服。對女孩子來說，她們最基本的欲求就是為自己尋找一個最理想的對象，所以如果有個「當不成男朋友」的人在自己身邊糾纏不清的話，她們必定會感到困擾。雖然其中也有些女孩子會貪圖方便或金錢而將這些男人當成工具人或凱子使喚，但基本上她們還是對這些男人感到厭惡的。就算這些人送了什麼禮物給她們，通常也會馬上被拿去變賣成現金。她們之所以會這麼做，除了錢的問題以外，最主要的原因還是因為不想把這種人送的禮物擺在身邊吧。

HiroN 在這裡也要奉勸大家，如果你就是所謂的「駝獸」、「專職飯票」、或者「凱子」，最好趕快停止這種行為。喜歡對方就光明正大的告訴她「我想跟妳交往」，被甩的話就接受的乾脆一點；如果不想就這樣斷絕來往，那就把對方當朋友來看待。只是不停地纏著人家送東送西是沒有意義的，還是早點收手比較好。

覺得自己配不上對方。拿不出勇氣跟對方告白。就是因為沒有自信，所以只好淪落成駝獸、飯票或凱子。但是呢，世界上其實有許多從旁人的眼光看來一點也不相配的情侶喔。要是覺得對方真的是自己的真命天女，不妨拿出勇氣告訴她自己的心意吧。如果對方真的是個好女孩，那麼不論告白結果如何，她也絕對不會嘲笑你，並且一定會好好回應你的真情告白。所以不要再退縮不前，將自己的感情正大光明地說出來吧。至少還有 HiroN 會為這樣的你加油喔。

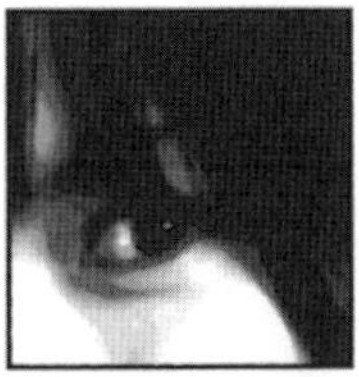

女子使用說明書　第18章

女孩子之所以會生氣，一定有她們的理由。

女孩子的情緒之所以難捉摸，除了個人的差異之外，跟她們的月事多少也有點關係。而男人並不會發生這種生理現象，所以當然沒辦法了解女孩子們的痛苦。也正是因為這些原因，在男人的眼中女孩子就成了既善變、情緒起伏又激烈的生物。俗話說「女人心海底針」，就是在比喻男人摸不清女人心的樣子啊。

不過呢，畢竟 HiroN 也用自己這雙眼睛看過不少女孩子，所以會覺得事情倒也不能完全一概而論。雖然有時候她們情緒不穩定的原因會被歸咎於生理期，但實際上女孩子是不會沒事亂發怒的。她們之所以會生氣，通常都有一個明確的理由。

但是，就算知道女孩子生氣的原因，對男性來說這些原因還是很難以理解的。所以才會產生女孩子的情緒捉摸不定的錯覺。

各位知道人在什麼時候會生氣嗎？通常是因為事情發展不從己願的、希望對方做到的事對方沒做到、或者是對方做了自己不喜歡的事情的時候。這點不論是對男生對女生來說都一樣。但是大部分的男性在遇到這種情況的時候，有什麼不喜歡的事情他們都會直接挑明了講，並且會很明白地叫對方住手；女性就不一樣了。尤其是在面對男性的時候，女孩子是不會告訴你她喜歡什麼，她不喜歡什麼的。

曾經有一次，HiroN 要帶一位女孩子去吃飯，當我問她想去哪裡的時候，她告訴我「哪裡都可以」，所以我就帶她去了一間涉谷的西班牙料理店。但在路上，她不知為何一直跟我聊水族館的事情。事後我再去問她為什麼，她才告訴我其實那天是想去台場一間能看到夜景的餐廳。當然，因為她的暗示實在是繞太大圈了，所以我那時根本就不知道她是這麼想的。明明只要坦白說自己想要去台場就好，但是女孩子就是喜歡跟你玩猜謎遊戲，沒猜到的話她們還會生氣。不過這還算好的，有時候就算女孩子嘴巴上答應，但是她們會用眼神或一瞬間的小動作來表示不滿，如果你看漏了，那一樣會惹她們不高興。對大部分的男性來說，這真的是很麻煩的一件事。尤其是缺乏與異性交往經驗的人，更容易搞不清楚狀況。

就算在女生之間，她們一樣會像這樣互探底細。「我沒關係啦。」「可是…」「沒問題沒問題，其實我也蠻想去那裏的。」「這樣不好啦。」「就說沒關係嘛。」「要不然我們去□□好了。○○子妳不是很想去那裡嗎？」「可是△美怎麼辦？」「我沒問題～。」「還是不要啦，這樣我也不好意思…」像這樣的對話，對女孩子來說根本就像家常便飯一樣。因為女孩子們都是絕對和平主義者，所以她們會盡量去避免提出自己的主張，以免造成別人的不滿。但是女孩子也有欲望，在這時候，她們就會靠著一些旁敲側擊的小動作來暗示自己的真心。如果是女孩子的話，很容易就能夠查覺到這些細微的暗示，不過男人可就沒有這麼敏銳了。先不說其他人，就連 HiroN 自己現在也還是會常常惹女孩子不高興呢。最常見的情況就是，事發當時沒有查覺到她們所想要表達的事情，事後回想起她們說的話才發覺原來她們其實是有作出暗示的。

而就算發現了女孩子們的暗示，反應也不可以太大。「什麼？原來妳是想去那間可以看海的餐廳啊，那我們就改去那邊吧」像這樣的發言，就算對男性來說沒什麼，但對女性來說，是有可能導致她們感到不愉快的。自己的意見影響到對方，讓對方改變既定行程，這樣會讓女孩子感到不自在。因為她們會在意別人的眼光，怕自己被當成任性的女人來看待。

所以正確的做法應該是要這麼說：「雖然我原本是想去那間西班牙餐廳啦，不過聽妳一說，我突然覺得很想去那間可以看海的餐廳，要不然我們就改去那裡吧？」

想必對方一定會笑著答應吧。雖然很麻煩，不過跟女孩子交往就是這麼一回事囉。

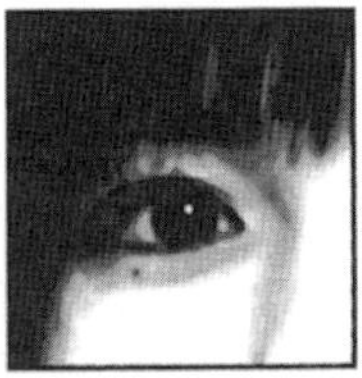

女子使用說明書　第19章

對於男性的嗜好，女孩子是完全不感興趣的。

戀愛初學者很容易犯的一個錯誤是，拼命對女孩子展示自己的興趣。雖然這世上什麼性格的女孩子都有，所以我們也不能斷定這種行為一定就不好；但在我的觀察之下，絕大部分的人這麼作的下場都是無功而返。女孩子對於男性的嗜好不要說感興趣了，甚至還可能抱著反感。特別是沒有異性緣的男性，女孩子對這些人的嗜好更是不屑一顧。為什麼呢？這是因為男性的嗜好大多「跟物品有關」，而女性的嗜好大多「跟人有關」的緣故。HiroN 有一個朋友是養樂多燕子隊的球迷，而他跟他的女朋友就是在球場認識的。像這種男女之間趣味相投的例子，其實非常罕見；但是呢，實際跟這對情侶聊過之後，我發現雖然這兩個人同樣喜歡棒球，但是他們喜歡的點卻是完全不同。男方對於球隊的戰績及戰術比較感興趣，還會自己去計算球隊的年度成績，或者統計各球員的安打數。而女方呢，就純粹只是想要幫自己支持的帥氣球員加油而已，除此之外一點興趣都沒有，甚至連該位球員的戰績也毫不關心。所以我們可以看出，就算同樣是球迷，男女之間的觀念還是有些差別的。男性注重的是「物」，而女性注重的是「人」。

HiroN另外還認識一位製作塑膠展示模型的名人，這位男性在5年前結婚了，但他的夫人對於他的這份嗜好相當不諒解，讓他一直很煩惱。雖然他在模型界裡也算是小有名氣，但是夫人卻完全不了解他在小小的作業房裏耗費數個小時所製作出來的東西是什麼，一找到機會就想把這些模型當成大型垃圾給丟掉。並不是說他們兩人之間的感情不好，但對夫人來說，她一點也不懂先生手上那三十五分之一「阿登戰役」及「坦克大決戰」的模型世界當中到底隱藏著什麼樣的價值。不過有一天，名人突然這麼告訴我：「最近她總算開始對我這份興趣表示認同了。」原來是因為他的作品在世界大會中得了獎，所以夫妻倆人受邀前往歐洲參加頒獎派對。在派對上名人受到了盛大的表揚，而夫人也玩得很高興。在那之後，雖然夫人對先生的作品依然不是很了解，不過似乎是因為這次的機會，讓夫人開始跟其他日本得獎者的太太開始有所交流的緣故，所以她再也沒有對名人的興趣表示任何不滿了。在這個例子裏面我們也可以看到，名人所熱中的立體模型是屬於「物」，夫人則是對與「人」之間的交流產生了興趣。

也就是說，女孩子對「物」基本上是不會感到任何興趣的。雖然她們也會喜歡收集小飾品或是手工藝品之類的東西，但實際上她們真正有興趣的並不是物品本身，而是將這些飾品戴在自己或喜歡的人身上時的滿足感。所以這應該算是跟「人」有關的嗜好。而雖然我也看過幾個男性擁有與「人」相關的嗜好，但倒是從來沒看過任何對「物」感興趣的女性。再舉個例子，世上愛車的男人有很多，愛車的女人也不少。一樣都是愛車族，但對女性來說，她們愛車是因為她們喜歡開車兜風以及開車旅行的感覺，而不是真的喜歡車子本身。其中甚至還有些人連自己愛車的車名都不知道呢。

如果有聽過女孩子的對話應該就能知道，她們聊的大多都是有關於「人」的話題。比如說共同的朋友或是藝人，而等她們聊膩這些人了，又會繼續找另一個人來當新的話題；但如果話題跟人無關的話，女孩子基本上是不會作什麼回應的。所以千萬不要跟她們聊什麼法拉利的引擎多厲害啦、或者吉翁軍的裝備問題之類的東西（如果是討論裡面角色有多帥氣的話，她們或許還能接受），我敢保證這樣絕對是聊不起來的。所以切記，跟女孩子聊天的時候，話題一定要徹底侷限於「人」上面。如果你的嗜好是屬於「物」的範疇，那麼我勸你最好還是早點放棄吧，因為她們絕對跟不上你的話題。這樣不如找個男性同好來討論還比較痛快點不是嗎。

女子使用說明書　第20章

女孩子對亮麗的舞台都是很憧憬的。

當我還在經營女僕店的時候，當時的店員中有幾個人是從事過演藝活動的。她們的活動主要是在小型演唱會上演出，是一個以出專輯為目標的活動。對店方來說，這其實是個非常不錯的宣傳方式。因為就算店面開在中野，只要有我們的店員在秋葉原的活動登場，就能夠吸引到那邊的客人，所以其實我們都會很積極地讓女僕們去參加這類型的活動。

而不論是店內的活動或者店外的活動，大家的反應都非常地熱烈，參加演出的女僕們也都把自己打扮的漂漂亮亮，在舞台上展現自己練習的成果。

前面提過我所經營的女僕店裡，最多曾經同時雇用25位女僕在店裡服務，而其中大約有10位左右有在從事演藝活動；剩下的人之所以沒有參加，並不是對演藝活動沒有興趣，而是因為自信不足，不敢在大眾面前表演的緣故。但實際上，只要有機會的話，我想她們還是會想嘗試這樣的活動吧。

以最耀眼的姿態，在鎂光燈下向大眾展現自己，這件事可以讓女孩子感到無上的快感。這是因為女孩子生來就背負著必需受到許多男性的注目，然後跟其中最為優秀的對象結合的本能——或者也可以說是宿命——的緣故。

比較有勇氣，以及比較有自信的女孩子，她們會大膽地去嘗試這些活動；但比較沒有勇氣的女孩子呢？雖然她們沒有採取行動，但我相信她們還是對此相當憧憬的。

曾經有一次，有家電視台說要來店裡採訪，而因為這件事實在來的太突然，所以我也來不及跟當天有輪班的女僕們連絡。結果，當天那些女孩子們果然對我大發脾氣：「要上電視沒關係，但至少要讓我們打扮得漂亮一點在入鏡嘛！現在這樣叫我們要怎麼辦！」我就這樣被她們罵了一頓。畢竟這是個宣傳自己的大好時機，結果就這樣浪費掉，也難怪她們會生氣了。現在回想起來，還真覺得有點對不起她們呢。

總之，女孩子就是喜歡這種能夠展現自我的亮麗舞台。就算自己是不是燈光下的焦點，她們仍然會對舞台上受到注目的女孩子們感到憧憬。

雖然我也遇過許多比較內向、不喜歡引人注目的女孩子，但其實她們並不是真的完全不想成為別人眼中的焦點，因為女孩子都是想要受人矚目，想要受人喜愛的。有些人之所以拿不出勇氣，我想這是因為想要引人注目的意識太過強烈而造成的反彈效果吧。實際上，真的就有女孩子這麼告訴過 HiroN：「其實我也很想要上台演出，可是現在不行。至少要等我再瘦3公斤以後，我才敢上台。」不敢登上舞台、不想引人注目，這些女孩子之所以會抱著這種心境，就是因為如此。自己明明是很想要參加演出的，但就是因為太想要參加，所以反倒讓自己的自卑感越來越強。

所以各位在約女孩子出去的時候，可以試著帶她們去一些比較容易引人注目的地方，千萬不要老是帶她們去那種死氣沉沉的場所喔。

講座

男生跟女生，哪一邊比較愛面子？

男生跟女生，哪一邊比較愛面子？

如果要我回答這個問題的話，我的答案絕對是男性。「可是女人老愛穿戴名牌貨還有名貴珠寶，這樣就不算愛面子嗎？」或許會有人這麼反駁，不過呢，女性之所以會去穿戴、去收集這些高價飾品，只是為了用來襯托自己而已，這跟愛面子還是不太一樣的。而在富有的中年女性身上，這個傾向會更加明顯。因為隨著年齡增長，女性的美貌也會逐漸衰退，為了彌補衰退的部份，她們只好靠著這些東西來亡羊補牢。偶爾也會有一些年輕女性，雖然她們根本不需要化妝，也不需要穿戴什麼飾品就很漂亮，但還是會想要打扮自己。畢竟女性基本上都對自己沒什麼自信，所以她們為了撫平這份自卑感才會去穿戴這些東西。

那麼男性的情況又是如何呢？其實從很多地方都可以看出男性很愛面子，其中最明顯的應該算是酒店了。雖然我已經很久沒有上過酒店，不過所謂旁觀者清，就是因為不上酒店，所以才能夠看清這個事實：「酒店不只能夠讓男人喝酒叫小姐，它還是一個能夠讓男人滿足自己虛榮心的地方。」

而酒店的優劣，就取決於他們有沒有辦法滿足客人的虛榮心。希望客人天天上門的話，就一定要先給足他們面子。事實上，沒幾個男人上酒店是為了找女孩子上床的，因為與其到酒店找，還不如直接去買春比較快；男人之所以會上酒店，多半只是為了裝闊氣而已。舉個例子，男人最喜歡用「附近有間我常去的店，到那裏去聊吧。」這句話來當帶人家去酒店時的開場白。然後到了店門口，再讓別人目睹美人媽媽桑招呼自己的情景：「唉呀○○委員您又來啦，我等您好久了呢。」這時男人就會感到非常的有面子。「媽媽桑很漂亮吧，我跟她熟得很呢。」「我在這家店的可是很受歡迎的。」「這家店可是很貴的，不過這點錢對我來說是小 Case。」「我在這裡的地位可是很高的喔。」就是因為能夠讓人家看到自己闊氣的一面，所以男人才離不開酒店。「常務委員您真有本事，像這樣的店我可去不起呢。」如果再這麼捧他一下，人大概都要飛上天了。

「這裡也算是我的地盤，大家就好好地玩吧。」（要不是我，你們還沒機會來呢。）對男人來說，像這樣展現自己的闊綽本身就是一種快感。店家當然也知道這件事，所以他們會適度地去配合這些人。

在男性社會中，是靠著階級來決定地位高低，對於階級比自己高的人，除了必須擺低姿態外，資源也會優先被他們給拿走；但對於階級比自己還低的人，就必須擺出一點威嚴了。簡單來說，男人就是活在這種以面子為優先的環境裡面。

接下來再把話題轉回酒店裡的常務委員身上吧。

委員的裝闊氣戲碼最高潮的地方就在準備離開的時候，當所有人酒足飯飽，跟小姐也差不多玩膩了以後，這時只見常務一拍大腿，說聲「差不多也該走了吧」，這時媽媽桑馬上就會配合委員，帶點捨不得的語氣說道「哎呀，這麼快就要回去了嗎？」「時間也差不多了，改天再來坐。」語畢，委員右手往口袋一插，然後揮了揮左手，「先走啦」就這樣頭也不回，故作帥氣地讓少爺送出大門。「委員，不用結帳嗎？」跟著委員一起來的男性在後面緊張地問道。「不用啦。」這句話、這個瞬間，可說是整齣戲碼的靈魂之處。就是為了這個瞬間，委員才有辦法能夠忍受住公司大大小小足以令他胃痛的繁雜瑣事。（憑我在公司的地位，像這種地方的開銷只要跟公司報公款就好了，還不用負責任呢。厲害吧。）這就是委員最想要炫耀的地方。當然的，酒店這邊也不會不解風情地拿出帳單來戳破委員的小把戲，畢竟在夜晚的世界裡就是不用當場付賬的人最大，所以自營業是絕對比不上大公司的社長及重要幹部的。不管你多有錢，也不管你付賬時是用現金還是信用卡，總之會在酒店裡面結帳的人通常都不是什麼了不起的角色。雖然我不知道理由，不過這個業界的規矩就是如此。

因此，當不上大老闆的人們就會靠著身上戴的東西來虛張聲勢。好比說西裝、手錶、鞋子、公事包、襯衫以及皮帶等等，這些全部都是為了滿足虛榮心用的道具。男人總是靠著這些來跟別人爭高低，很可笑吧。

而女性的情況又是如何呢？男性在夜晚可以上酒店，相對的，女性也可以上牛郎店。有一部分的女性在這種場所會跟男性一樣出手闊綽，不過她們的理由其實跟男性不太一樣。比起自身的魅力，男性更希望別人稱讚自己的地位、權力及財力；而女性則剛好相反，她們希望別人稱讚她們自己本身。雖然對女性來說，擁有再多的金錢也無法證明自己本身的價值，但是她們還是會砸下大把鈔票來吸引男性的注意。其實大多數人都知道這種行為不過是在安慰自己，但是她們一旦看見牛郎們因為她們開高級香檳、送高級禮品而開心的樣子，自然而然地會去期待對方真心喜歡上自己，因而花費更多金錢在上頭。

聽起來很悲哀，不是嗎？

HiroN 之所以一直強調男人比女人還要更愛面子，就是因為如此。

不過 HiroN 認為，像這樣的滑稽之處，也正是人類最有趣的地方喔。不知道各位的想法又是如何呢？

女子使用說明書　第21章

基本上，選擇權都是握在女方手上的。

女孩子們對戀愛的態度比起男性來可說是認真許多，但相對的，她們在失戀的時候受到的傷害也比較大。所以，很少會有女孩子主動跟男性告白。雖然最近也有些比較積極的女孩子會反過來倒追男性，不過數量太少，頂多只能算是特例而已。一般的女孩子是不會像愛情喜劇或者動畫裡面所描寫的這麼一廂情願的，這不過是男人夢想的產物罷了。要是世界上所有女孩都像愛情喜劇以及動畫一樣單純的話，我想字典上就不會存在「辛苦」這兩個字了吧。

女生要對男生表達心意的時候，她們通常不會表現的太明顯，而是先裝作沒有那個意思，然後一步一步地抓住男生的心，最後讓他們主動向自己告白，而且絕對不會輕易露出「自己原本就喜歡這個人」的馬腳。只要見識過她們的手段，各位一定會覺得嘆為觀止。只要不主動告白，就不會被甩，自己也不會受到傷害，女性天生就是擁有這麼天才等級的戀愛IQ。相對起來，男人在愛情上只能算是智障等級吧。

光從表面上看起來的話，有許多情侶都是因為女方抵擋不住男方的熱烈追求才答應交往；但仔細推敲一下應該就能發現，實際上大多數的情形都是女方放長線釣大魚的結果——其實她們根本老早就已經決定好要跟這個對象交往了。

就算女方一開始有表態，但是男方沒有做出適當回應的話，情勢同樣會從女追男演變成男追女，而女方一開始的表態就好像從來沒發生過一樣。原本以為是女生在倒追自己，結果不知什麼時候開始變成自己去追人家的情形也是很常見的。所以各位要注意了，像這種手腕高到連旁觀者都不禁懷疑「咦？應該是妳對他有意思沒錯吧？」的女孩子可是多如繁星喔。

總而言之，女孩子在這個方面實在很厲害，想要贏過她們可是不太容易的。尤其是對正直、以及戀愛經驗不多的男性來說更是如此。所以不要想在這方面取得優勢了，與其這樣還不如乾脆放開心胸任她們擺佈還比較輕鬆。但是無論如何，請各位千萬不要去當跟蹤狂，這是最糟糕的行為。有些人就是因為女方稍微表現出了一點曖昧的態度，就以為對方有那個意思，還拼命纏著人家不放；雖然我們很難斷定這到底是不是跟蹤狂一廂情願的行為，不過一旦被女孩子拒絕了以後，最好就不要再繼續打擾人家了。請記住，戀愛的選擇權永遠都掌握在女孩子的手上。順便再告訴各位一點，女孩子的決斷力其實很強，當她們判斷不該再繼續交往下去之後，馬上就會跟你斷個徹底。我就聽說過有位精神科醫師因為吃麵發出太大聲音，結果慘遭太太拋棄的例子，看來就算是心理專家，碰上女人心也只能乖乖地被秒殺而已啊。

所以說女孩子們下決斷的速度，已經遠遠地超乎我們男人的想像了。

奉勸各位，一旦被甩了就認命點，再去尋找新的戀情吧。如果你們真的有緣，遲早她還是會回到你身邊的。如果沒有緣份，那也沒關係，因為只要你願意再尋找新的戀情，就會有機會再遇見適合你的女孩子。

女子使用說明書　第22章

勇敢面對失戀，切勿過度恐懼。

「天涯何處無芳草，何必單戀一枝花？別那麼難過啦。」「你根本就不會了解我的感受，讓我一個人靜一靜吧。」青春偶像劇裡面時常會出現這一幕對吧。不過HiroN認為，其實「天涯何處無芳草，何必單戀一枝花」這句話實在說得一點也沒錯喔。

世間大部分戀愛經驗不足的男性，通常都有一個共通點：他們非常害怕失戀。的確，被求愛的對象拒絕，不論是對男性或對女性來說都是非常痛苦的一件事。因為這會讓他們感到自己的存在好像被對方完全否定一般；越是喜歡對方，被拒絕時的心情就越鬱悶。這時他們就很容易惱羞成怒，並且產生「就不能拒絕的更委婉一點嗎」「非得讓我蒙上這種恥辱嗎」的想法。甚至還有人會因為這些想法而陷入自我厭惡的負面思考。就是因為害怕這種情形，所以很多人就算有了喜歡的對象，也很難鼓起勇氣跟對方求愛。與其被甩然後連朋友都當不成，那不如不要告白了吧……

就是這樣子的想法，使得這些人遲疑不前。

經驗老到的男性就不會如此。實際上，戀愛經驗越多，也就等於失戀越多。當然，他們也一樣會因為失戀而感到痛苦，但是他們並不會因為如此就害怕失戀，畢竟就算失敗十次，只要在第十一次成功就好了嘛。日本的總人口數有一億兩千萬人，其中有半數，也就是六千萬人為女性；而正逢適婚期的女性估計應該也有一千萬人，真的可說是多如繁星。在這麼多的對象當中，你真的能夠確定眼前這個就是你的真命天女嗎？我想很難。所以根本就沒有必要執著在唯一一個女孩子身上，就算被人家甩了，也只要當作對方不識貨，趕快忘掉就好。只要克服對失戀的恐懼，態度就會變得更加積極；跟女孩子接觸的機會也會增加，連帶著也會讓順利發展戀情的機會增加（雖然被甩的機會也會增加，不過各位大可不必太在意。）。畢竟，天底下的女孩子那麼多，放寬心情來面對每一段戀情的到來吧。

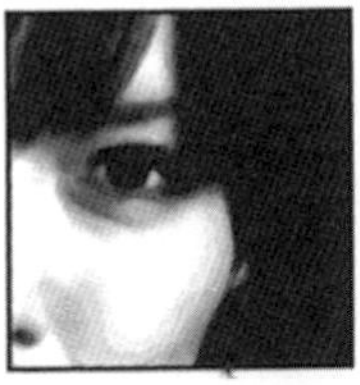

女子使用說明書　第23章

女孩子會要求男性同時具備正經與不按牌理出牌的特質。

先前 HiroN 提到女孩子將愛情看得很重，而且會先入為主地認為男人都是很不正經的。那麼，如果是正經、規矩的男人，就會受到女孩子歡迎嗎？我想也不見得。在最後這個章節，我們就來探討一下這個問題吧。

世上的男人百百種，相對的，女人的喜好也有百百種。雖然我不敢妄下評論，不過似乎大部分的女性對於太過正直的男性都不太感興趣。但是如果提到戀愛的話，她們反而會要求男性一定要拿出非常正經的態度才行。這樣不就是互相矛盾了嗎？女孩子有趣的地方就在此。如果想要對方認真地看待雙方之間的愛情，那麼找個天性認真的對象當然會比較保險。但是俗話說「男人不壞，女人不愛」，有很多女孩子就是會去選擇那些素行不良的男人。這是為什麼呢？我想這是因為女孩子會在男性身上追求自己所沒有的特質之故。由於女孩子看待愛情的態度實在是太過一板一眼了，所以應該也會有對此感到疲勞的時候。加上女孩子一生都被天生的資質

（特別是容貌）所束縛著，所以她們自然會對能夠靠自己後天的努力及才識在人生中打開一條明路的男性感到憧憬。而由於性格認真的人行事總是循規蹈矩，沒有什麼意外性，所以這種人在這方面分數就不高了。而一個品行不佳、不會遵守社會規範的人，雖然有可能真的是個徹徹底底的大爛人，但也有可能搖身一變成為打破既有價值觀的大人物；就算沒有出人頭地，或許也能把自己從社會的束縛中解放出來。雖然大多的女孩子並不了解這個道理，但是她們能夠靠著女人的直覺來把握住這些可能性。既然自己只能選擇安定的生活，那就在伴侶身上找尋自己所辦不到的生存方式，聽起來很矛盾，但這就是女孩子們真正的想法。

我想，就是因為女性一直活在必須屈服於現實的觀念裡，所以他們才會對男性所擁有的，（或許）能夠打破無情現實的爆發力抱著憧憬的感情吧。

所以了，如果你是屬於行事慎重的類型，記得偶爾還是要在女孩子面前表現一下你那不惜成為全民公敵也要貫徹自己主張的氣魄喔。

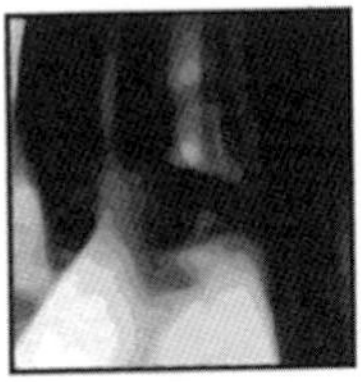

後記

■後記

雖然前面寫了這麼多，不過我還是要強調一下我在開頭所提到的一點：不可以把所有女孩子一概而論。至於這本書中提到的所有內容，就請各位將它當作基礎理論中的基礎理論吧。而這個理論的重點就在於：不要光從表面來評斷一個女孩子，並且要好好地去理解她們。事實上，在這本書中所提到的例子不一定能適用於所有的女孩子，當各位實際跟去女孩子交往時可能遇到的問題，可是要比書中的內容多的太多了。不過各位不覺得這正是戀愛有趣的地方嗎？

有將本書從頭讀到這裡的讀者們應該能夠發現，其實跟有異性緣的男人比起來，HiroN 還比較喜歡沒有異性緣的人呢。

我在書中也提到過，女孩子看男人的眼光其實都是膚淺、偏頗又錯誤百出的。但是卻有許多人只是稍微受女生歡迎一點就自滿的不得了，諸不知其實這一點都不是什麼值得驕傲的事。

對男人來說，女孩子這種生物其實並不適合當朋友。她們既喜歡以貌取人，對自己的外表又整天在意的不得了；開個玩笑她們聽不懂，興趣也跟男人天差地遠，又總是不說真心話⋯⋯如果各位有好好看過書中內容大概都很了解，如果這樣的人是個男人，相信有不少人早就一拳過去了吧。

但是各位要知道，畢竟女性跟男性還是不一樣的。這聽起來很理所當然，不過卻是一個相當重要的觀念。能夠接納，並珍惜女孩子的這些特質，正是男人所應該做到的一件事。而跟男人想要珍惜女人的心情比起來，女人想要被男人珍惜的心情又更強了好幾倍；能夠察覺這份心意，並且好好地去珍惜這份心意，這可是跟女孩子交往的基本條件喔。

說實在的，要討好一個女孩子，還真沒有那麼容易。有很多時候我們甚至必須扼殺自己去配合她們。

「男人有男人的路要走，沒空去配合女孩子玩愛情遊戲。」或許有些人會這麼想。的確，這是一個非常有個性的想法，HiroN 也不討厭這種人；不過呢，各位不覺得與異性毫無瓜葛的人生很無趣嗎？畢竟這世上有很多事情是沒有伴侶的人所無法體驗到的，如果就這樣空虛地度過一生，我覺得是很可惜的一件事。

對於沒什麼戀愛經驗的男性來說，跟女孩子交往或許真的是很棘手的一回事，在這個過程當中想必還會經歷不少失敗吧。不過熟能生巧，一旦習慣了以後你會發現事情其實並沒有那麼困難。而就算沒有實地經驗，那也沒關係，只要擁有足夠的預備知識，至少正式上場時就不會那麼緊張了。

最後，我還是要再強調一次，每個女孩子都有她們自己的人格、價值觀以及人生觀，絕對不要把她們當成戀愛遊戲裡面的角色，因為現實中的戀愛是沒有攻略本可以參考的。各位可以試著去觀察、試著去理解，為什麼女孩子那麼愛打扮？為什麼女孩子總是能夠滔滔不絕地聊個沒完？為什麼她們約會的時候老是遲到？為什麼她們那麼愛生氣？當你能夠理解這些理由後，恭喜你，你已經成為足以讓女孩子愛上你的魅力男子了。

而就算當不成萬人迷，至少你的身邊應該也會有兩、三個感情不錯的女性朋友吧。當然，能交到女朋友就更好了。

不過請記得，真正麻煩的地方是從開始交往以後才開始，畢竟女孩子就是這麼一種令人捉摸不透的生物啊。

從左至右分別為妙子姐（店長）、Momo、HiroN。HiroN 的姿勢看起來有點不太對勁。

□著者簡介

昭和33年出生，曾任建築公司員工、書店店員，之後轉向廣告業界發展。在擔任標語設計及企劃之餘，還經營了一間女僕咖啡廳。**〈主要特徵〉**為人散漫，而且還很不擅長收拾。最近開始懷疑像自己一樣的爛好人是不是不太適合經營。非常的懶惰，懶惰到連自己都害怕會被人家叫做廢柴大叔。不喜歡擺架子，也不喜歡被人擺架子。**〈喜歡的食物〉**蕃茄義大利肉醬麵（一週至少要吃四次）**〈喜歡的單字〉**放鬆、感謝**〈尊敬的人〉**傑弗瑞・亞契（Jeffrey Archer）、賈斯帕・馬斯基林（Jasper Maskelyne）

ASAMI（チャミ）

目前隸屬於ティーステップミュージック

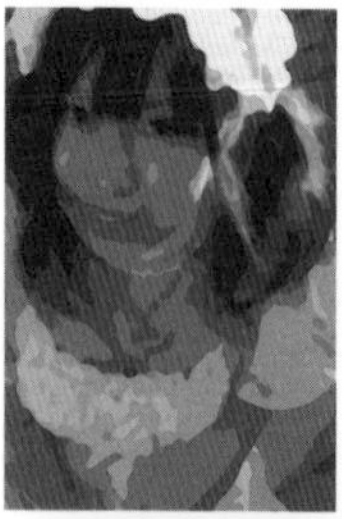

Momo（桃羽）

現為秋葉原女僕咖啡廳「ぴなふぉあ」店員

高瀨きり

目前隸屬於プロダクション・モバ

涼城えみ

目前隸屬於プロダクション・シーエムジャパン

本書中所使用的照片皆為曾在本店任職的女僕所提供。

女僕喫茶店老闆寫的

女子使用說明書

TITLE

女僕喫茶店老闆寫的 女子使用說明書

STAFF

出版　三悅文化圖書事業有限公司
作者　ヒロ N
譯者　高詹燦　吳政瀚

總編輯　郭湘齡
責任編輯　黃雅琳
文字編輯　王瓊苹　林修敏
美術編輯　李宜靜
排版　菩薩蠻數位文化有限公司
製版　明宏彩色照相製版股份有限公司
印刷　紘億彩色印刷股份有限公司
法律顧問　經兆國際法律事務所　黃沛聲律師

代理發行　瑞昇文化事業股份有限公司
地址　新北市中和區景平路464巷2弄1-4號
電話　(02)2945-3191
傳真　(02)2945-3190
網址　www.rising-books.com.tw
e-Mail　resing@ms34.hinet.net

劃撥帳號　19598343
戶名　瑞昇文化事業股份有限公司

初版日期　2012年7月
定價　220元

國家圖書館出版品預行編目資料

女僕喫茶店老闆寫的女子使用說明書／
ヒロ N作；高詹燦，吳政瀚譯. -- 初版. --
新北市：三悅文化圖書，2012.06
172面；14.8 X 21公分

ISBN 978-986-5959-11-1 (平裝)

1. 戀愛心理學 2. 兩性關係

544.37014　　101009516